XINSHIDAI ZHONGZHI
SANJING
LAODONG JIAOYU JIAOCHENG

新时代中职“三精”劳动教育教程

李先宇／主　编
王蜀明　李　云　刘超凤　许　艳／副主编

电子科技大学出版社
University of Electronic Science and Technology of China Press
·成都·

图书在版编目(CIP)数据

新时代中职“三精”劳动教育教程 / 李先宇主编
. -- 成都：电子科技大学出版社，2020.10
ISBN 978-7-5647-8436-2

Ⅰ. ①新… Ⅱ. ①李… Ⅲ. ①劳动教育－中等专业学校－教材 Ⅳ. ①G40-015

中国版本图书馆 CIP 数据核字（2020）第 219623 号

新时代中职“三精”劳动教育教程

李先宇　主编

策划编辑　罗　雅
责任编辑　于　兰

出版发行　电子科技大学出版社
　　　　　成都市一环路东一段159号电子信息产业大厦九楼　邮编　610051
主　　页　www.uestcp.com.cn
服务电话　028-83203399
邮购电话　028-83201495

印　　刷　成都市火炬印务有限公司
成品尺寸　185mm×260mm
印　　张　9
字　　数　170千字
版　　次　2020年10月第一版
印　　次　2020年10月第一次印刷
书　　号　ISBN 978-7-5647-8436-2
定　　价　40.00元

前言

QIANYAN

习近平在全国教育大会上指出，培养什么人，是教育的首要问题，要培养德智体美劳全面发展的社会主义建设者和接班人，培养一代又一代拥护中国共产党领导和我国社会主义制度、立志为中国特色社会主义奋斗终身的有用人才。党的十九大报告指出："中国特色社会主义进入了新时代。"在新时代背景下，加强学生的劳动教育，努力提高学生的劳动素质，对学生的成长和国家的发展意义深远。中共中央、国务院发布的《关于全面加强新时代大中小学劳动教育的意见》中明确要求把劳动教育纳入人才培养全过程，在大中小学设立劳动教育必修课程，系统加强劳动教育。

为了造就"有用人才"，就需要培养大批具备劳动的素质，能够弘扬劳动精神、崇尚劳动、懂得劳动最光荣，能够辛勤劳动、诚实劳动、创造性劳动的劳动者。针对职业院校劳动教育应以实习实训课为主要载体，而其中劳动精神、劳模精神、工匠精神专题教育不少于16学时。本书即针对此要求并结合中职学校劳动教育现状，抓住劳动精神、劳模精神、工匠精神（本书简称"三精"）三个核心点设计了三章15个专题，每章以"解读→阅读→点读→思考→践行→拓展"的思路开展讲述，每个专题以生动故事为案例，以践行活动为载体，全面提升本书的可读性和可操作性。

本书有以下特点：一是时代感鲜明，可读性强。弘扬主旋律，贴近时代、贴近校园、贴近中职生学习和生活。二是格式体例活泼，可操作性强。按照"提出问题→设计活动→思考践行→感悟升华"的内在结构，符合学生认知特点和心理需求。本书为全面构建体现时代特征的劳动教育体系，积极探索具有中国特色的劳动教育模式做出有益尝试，可以作为职业院校和中学劳动教育教程。但由于作者水平有限，书中难免有不妥之处，敬请读者批评指正。书中所引资料众多，也未能一一指出，于此一并感谢。

编　者

2020年9月

目录

MULU

第一章
铭记劳动意义　弘扬劳动精神

【导读】

2020年3月20日，中共中央、国务院发布《关于全面加强新时代大中小学劳动教育的意见》，强调要围绕培养担当民族复兴大任的时代新人开展劳动教育。这表明劳动教育已上升至国家人才战略层面的高度，具有十分重要的现实意义和长远意义。

劳动精神是每一位劳动者为创造美好生活而在劳动过程秉持的劳动态度、劳动理念及其展现出的劳动精神风貌。党的十八大以来，习近平关于劳动和劳动精神的系列重要讲话为我们正确理解劳动精神和大力弘扬劳动精神提供了重要依据和重要参考。习近平强调，我们要在全社会大力弘扬劳动精神，提倡通过诚实劳动来实现人生的梦想、改变自己的命运，反对不劳而获、投机取巧、贪图享乐的思想。劳动是物质财富和精神财富的源泉，也是人类社会发展进步和人们幸福生活的源泉。人世间的美好梦想，只有通过诚实劳动才能实现；生命里的一切辉煌，只有通过诚实劳动才能铸就。

劳动创造了中华民族，造就了中华民族的辉煌历史，也必将创造出中华民族的光明未来。习近平关于劳动和劳动精神的思想为我们正确认识劳动精神的科学内涵指明了方向。我们要热爱劳动，以辛勤劳动为荣，以好逸恶劳为耻。

专题一　劳动光荣，崇尚劳动

【解读】

中华民族是热爱劳动的民族，劳动创造了灿烂的中华文明，劳动创造了中华民族的传统美德。劳动最光荣，奋斗最幸福。新时代是奋斗者的时代，更是追梦人的舞台。有梦想，有奋斗，一切美好的东西都能创造出来。在这个崇尚劳动、赞美劳动者的时代，我们在向各行各业默默奉献的劳动者致敬的同时，更要大力弘扬劳动精神，唤起奋斗激情，为实现“两个一百年”奋斗目标和中华民族伟大复兴中国梦而奋斗，用诚实劳动书写新时代劳动者新的荣光。感恩父母的养育、感恩老师的教育、感恩社会各界的关爱。感恩奋斗者，劳动最光荣！向所有劳动者，致敬！

【阅读1】

敢闯敢干不服输　艰苦创业立潮头[1]

我们来看一看开州蒋开均敢闯敢干不服输，艰苦创业立潮头的创业故事。

画面中这个皮肤黝黑、穿着朴素的中年男子叫蒋开均。见到他时，他正和工人们一起在水池里打捞鲟鱼，查看鱼子酱的生长情况。

他名义上是总经理，其实他始终坚守在生产一线，与工人们同甘共苦，一起劳作，观察冷水鱼的生长特点，研究如何改良养殖技术，提高经济效益。

蒋开均是开州有名的养殖能人，曾外出务工，1995年返乡后，搞过运输，开过石膏矿，赚下了几千万身家，是当地最先富起来的人之一。坐拥几千万身家，这辈子应该是吃喝不愁了。

年轻时走南闯北的经历，让蒋开均拥有敏锐的商业嗅觉。十年前跑运输的时候，他逐渐意识到冷水鱼营养价值高、市场前景广阔，养殖冷水鱼的念头开始萌发。2010年，蒋开均创办了泰旭农业综合开发有限公司，试水冷水鱼的驯养和繁殖。冷水鱼，即冷水性鱼类，水温一旦高于20℃就不能存活。

改河道、修鱼池、筑河坝，蒋开均三管齐下。2015年，渔场的鱼池修好了100多个，河坝还没筑好，蒋开均就迫不及待地买回鱼苗，开始养起了虹鳟鱼。然而，当年夏天的一场洪水，20万尾虹鳟鱼一夜间被洪水冲走，700多万元打了水漂。

这个惨痛的教训让蒋开均反思自己的急于求成，着力完善防洪工程。洪水过后，清理完鱼池，蒋开均又购入20万尾虹鳟鱼苗，打算东山再起。没想到2016年夏天连续高温无降雨，鱼苗又全军覆没。这次损失让蒋开均意识到水温的重要性。2016年，蒋开均花了300多万元，在渔场上游修起了蓄水坝，利用水量调节鱼池水温。

① 案例来源：节选自开州融媒体（https://mp.weixin.qq.com/s?src=11&timestamp=1621994510&ver）。

好水质、好品质给蒋开均带来了好销路。基地中养殖的裂腹鱼、虹鳟鱼、鲟鱼等三个主要品种，2018年的产值就达3000多万元，让蒋开均心心念念的虹鳟鱼也售出了200多万元。

吃水不忘挖井人，致富不忘谢党恩。作为先富起来的劳动模范，蒋开均不忘带着乡亲们共同致富。目前，养殖基地有40多个工人，他们多是周边的村民，有几位是蒋开均对接的贫困户、残疾人。基地全部投产后，预计能提供超过100个岗位。

群山环抱的谭家镇花仙村，溪水从大山深处缓缓流入蒋开均的冷水鱼养殖基地，小到两三斤，大到数百斤的鳟鱼、鲟鱼、鮰鱼等，在鱼塘中畅快游弋。

“这里水质好，水温常年保持在15℃～20℃，非常适合养殖冷水鱼。”说着，蒋开均突然蹲下，对着水管“咕咚、咕咚”喝了几口。

看着一脸惊讶的记者，蒋开均抹抹嘴笑着说：“这是纯天然的山泉水，甜着呢。”

目前，蒋开均共养殖冷水鱼类550万尾，带动70余名周边村民就业，销售额超过4000万元，产品远销法国、丹麦、俄罗斯等国家。

人才短缺，是乡村振兴面临的主要难题之一。“蒋开均们”带着资本、技术、先进经营管理理念返乡创业，在乡村振兴中正发挥着重要作用。

统计数据显示，2018年全区返乡创业的3万余人中，投身农业的创业者占比50%左右，共创办农业企业、专业合作社等经济实体800余家，创造就业岗位1万余个。

“他们是乡村振兴的生力军。”冉华章说。

目前，只有初中文凭的蒋开均，是重庆开县泰旭农业综合开发有限公司总经理，重庆市劳动模范，重庆英才·技术技能领军人才，重庆市开州区第一批优秀专家人才工作室·重庆英才·乡村领军人才工作室负责人。

【点读】

只有初中文凭的普通农民蒋开均，能够取得如此成就，源于他敢闯敢干不服输、艰苦创业立潮头的精神，更得益于他坚守生产一线，从实践中获取经验，得到改良技术的灵感和方法。

黝黑的皮肤就是其风里来雨里去、不畏酷暑烈日坚持辛勤劳作的见证。蒋开均作为身边的通过诚实劳动先富起来的榜样，给我们的启示，就是只要有志气、吃苦耐劳，就一定能取得成功。

【阅读2】

奔忙在山坡上的农业专家①

——记开州区农业发展中心副主任周贤文

时间来到2020年6月，连日来，周贤文忙得不可开交。他除了到厚坝镇晚熟柑橘良种繁育场指导柑橘栽培技术外，还要准备全区柑橘栽培技术培训相关工作。

今年（2020年，编者注）49岁的周贤文作为区农业发展中心副主任，多年来运用科学技术知识，创新开展技术指导和服务，推动了开州果品产业发展。

"让科技之花开满山坡，让群众增收是我最大的追求。"周贤文在接受记者采访时说。

积极引进新品种　良繁基地具规模

"品种是优质高产高效的关键基础。"周贤文深深明白这个道理。近年来，他先后从各科研院所引进柑橘、梨、桃等果树的名特新优品种近200个，填补了我区果树新品种的空白，并加强新品种的试验，筛选出春锦橙、春橘橙、翠冠、苏脆梨、中油桃等一大批新品种在我区推广种植。

在周贤文的呼吁下，在区委区政府的大力支持下，厚坝镇建成重庆最大的晚熟柑橘良种繁育场和柑橘新品种区域试验园，引进国内外柑橘新品种125个，年繁育无病毒晚熟柑橘良种苗木200万株。选育自主知识产权晚熟李新品种——"金翠李"——推广到重庆、四川等10多个区县，推广面积6万亩。

潜心试验搞研究　科技创新促发展

科技是第一生产力，是农民增产增收的重要支撑。周贤文特别注重科技创新。在工作中，他密切关注国内外农业科技发展动态，年年参加各种学术论坛，先后编制了《重庆市开州区柑橘产业发展建设规划》《重庆市开州区三峡库区柑橘节水示范工程可行性研究报告》等20多篇规划、可研报告，为全区制定柑橘产业战略决策、实施重大项目提出了有效可行性的论证和建议；撰写专业技术报告20万字；每年发表科技信息、产业动态数十篇。

---

① 案例来源：节选自巴渝圈（https://www.sohu.com/a/400471856_100267275）。

周贤文还积极加强与科研院校的联系与协作，全力开展试验示范与科技攻关。他参与实施的“柑橘非充分灌溉综合技术集成”等课题荣获全国农牧渔业丰收一等奖、二等奖各1项，中华农业科技三等奖1项，重庆市政府科技进步一等奖1项，主持实施的“开县春橙品质提升集成技术研究与示范”等项目荣获区政府科技进步奖一等奖2项、二等奖4项、三等奖3项，2019年被市委组织部评为综合领域重庆英才·名家名师。

找准优势抓推广　推动柑橘再腾飞

“开州柑橘走了许多弯路。”周贤文回忆道。2006年2月，他调到原县果品站任站长，当时的柑橘市场价每斤为0.3～0.5元，还有最低价每斤0.08元，柑橘产业一度停止发展。面对如此景象，他认真调研，发现开州冬季温度在0℃以上，不会发生低温冻害，便提出“不与两湖抢早，不与赣南争中”的方案，发展次年2月至5月成熟的晚熟柑橘，走错季上市的发展之路。

在具体实施中，周贤文采取“双晚”措施，积极争取市里相关项目，先后争取到标准化柑橘果园建设、果园改造、绿化长江柑橘果园建设、农业部柑橘标准园创建等20多个建设项目，在开州新发展晚熟柑橘12万亩，柑橘总面积达到35万亩，产量达到30万吨，实现开州柑橘结构调整的重大转型。第一批晚熟柑橘上市后，柑橘价格达到每斤1.8～2.5元，2018年最高卖到了每斤10元。我区柑橘因此从衰落走向振兴，被中国果品流通协会评为“中国柑橘二十强县”，授予“中国柑橘之乡”称号。

为持续稳定柑橘市场，为果农们守住脱贫致富的“金果果”，如何提高柑橘的品质，成了周贤文思考的又一课题。通过多方探索实践，他带领团队总结并推广了“211321”高品质提升、叶片营养诊断配方施肥、绿色防控、省力化栽培等一系列柑橘栽培技术，探索柑橘果园机械化、信息化技术，推广物联网、水肥一体智能化技术，建设智慧柑橘果园，显著提升了柑橘种植科技水平，确保全区柑橘优质丰产、安全无公害。

为推广技术，周贤文主持参加全区柑橘技术培训，制订培训方案，编写培训教材3部，制作培训PPT，摄制《开县春橙》专题片2部。积极发挥柑橘协会和区农学会的作用，组织开展科普宣传，开展学术交流和技术培训，每年亲自培训技术骨干、业主、果农20期2000余人次，接受农民咨询达5000余人次。他是“开县春橙”产业发展的见证者和推动者。

培育经营新主体　启动智慧园建设

周贤文积极引导农民以转包、出租、入股、托管等形式流转土地承包经营权发展果品产业，培育30～200亩适度规模的580户，发展以临江镇福德村为代表的柑橘专业合作社55个，推行“龙头企业＋基地＋农户”、“专业合作组织＋农户”、家庭农场等多种产销一体化组织模式以及“小区承包制”的管护机制，形成“大基地、小单元”的果品发展格局。

“我们启动智慧柑橘示范果园建设，全面推广科技运用。”周贤文说，通过招标由中科院绿色智能研究院负责承建，在临江镇福德村运用物联网、大数据、云计算、人工智能、无人机、智能农机等智慧化技术，建设山地智慧柑橘示范基地，实现农业生产环境的智能感知、智能预警、智能决策、智能分析、在线指导等业务，为生产提供精准化种植、可视化管理、智能化决策，提高生产效率，为重要农产品生产、农村生态环境保护、农民增收和面源污染控制、柑橘全程溯源提供示范样板。同时，重点建设基地柑橘大数据云平台及数据标准化项目，建成全国首个山地智慧柑橘果园，建设全国首个果实智能化分级包装工厂，建设全国首个产地柑橘智能化电商交易市场。

完善链条促融合　培育品牌拓市场

“如何拓展销售渠道，解决果农的后顾之忧，确保收入有保障？我们采取了一些办法。”周贤文介绍，为确保产业顺利发展，我区引进香港上市公司天溢果业投资建设的年加工柑橘鲜果能力达20万吨的重庆天邦食品有限公司，解除果农“卖果难”的后顾之忧，并深度挖掘开州区柑橘历史文化，利用晚熟柑橘“一树三色、花果同树”的观赏价值，以观光体验果园等模式，打造柑橘生态旅游基地，推进农村一、二、三产业融合发展，建设美丽乡村。

周贤文团队坚持实施“品牌兴业”战略，培育了“开县春橙”区域公共品牌，获中国地理标志证明商标、中华名果、中国生态原产地保护产品、中国区域品牌50强等称号。2018年，被中国工商总局认定为“中国驰名商标”，成为开州区唯一的中国驰名商标，品牌价值达到11.52亿元。产品远销北京、哈尔滨等20多个市，还出口俄罗斯、越南等国，经济、社会效益显著。

截至目前，春橙产业惠及25个乡镇的贫困户1.6万余户，让5万贫困人口脱贫增收，实现了柑橘从业人员26.28万人的稳定增收。

“开县春橙”就是践行绿水青山就是金山银山的生动体现。“开县春橙”，是入选的4个“重庆宝贝”之一。中央电视台“国家品牌计划——广告精准扶贫”项目，首批选定我市开州区春橙、城口老腊肉、巫山县脆李、酉阳青花椒4个贫困区县的特色农产品，作为2018年的免费宣传产品，在中央电视台8个频道播出，每天20次。

目前，周贤文已成为第一批重庆英才·名家名师，重庆市开州区第一批优秀专家人才工作室·重庆英才·名家名师工作室负责人，开州区政协委员。先后被评为全国优秀科技特派员、重庆市优秀共产党员、开县优秀工作者和专业技术拔尖人才，今年（2020年，编者注）又经农业部评审通过为农业推广研究员，被县政府聘为开县柑橘产业首席专家。

【点读】

周贤文作为一个一线农业科研人员，能如此成就，得益于他的坚守一线，不断创新。

一是加强学习，不断提高自己的科研水平。二是认真履职，他积极参加各种调研、视察活动；坚持每个月定期与项目实施单位联系，定期到现场了解情况，查看进度，帮助解决存在的问题。

劳作之苦，汗水之咸，周贤文质朴的守护和四季的更迭，只为新春伊始的春橙之甘。

【阅读3】

落榜生与全国冠军①

郑雯，17岁拿到全国调酒大赛冠军，以及劳动部特批的调酒技师资格证；近两年先后被评为调酒行业的国家级评委、国家级裁判、国家高级裁判。“以前都是即将退休的调酒师才能拿齐这些证书，郑雯绝对称得上是一个奇迹。”师傅兼校长胡永强感叹道。

受到业界瞩目的“奇迹”，却险些被传统的家庭观念扼杀在摇篮。

13岁时，郑雯还是一个初中生，在父母设定的框架下成长。那一年，表姐从日本学完调酒回来，在表妹面前表演了一番。花哨的动作、绚丽的弧线，郑雯看得如痴如醉。短暂的一刻，改变了她的想法，乃至人生。

郑雯提出要去学花式调酒，母亲以为是兴趣爱好，同意了。但没多久，她便发觉苗头不对，女儿似乎有些“走火入魔”，不再以学业为重。“一个女孩子，怎么能

① 案例来源：节选自凤凰网专稿(http://phtv.ifeng.com/program/lyyy/detail_2011_05/25/6620383_0.shtml)。

天天研究各种酒水呢？"母亲着急了，将女儿的酒瓶与教材统统没收，藏了起来。

有其母必有其女，郑雯骨子里比母亲更"拧"。初中毕业，她瞒着家人，偷偷将报考档案从普通高中换到了职业高中。调酒专业的录取通知书到了，这可把母亲气坏了。母亲一百个不答应，赶忙给她联系了一所计算机培训学校。郑雯没有妥协的意思，开学后直接搬进了职高，母女间的冷战由此开始并延续了很长一段时间。

母亲不给学费，她只好拿出从小到大积攒的压岁钱。"练习用的瓶子都是进口的，160元一个。"家里地方小，没地方甩酒瓶，郑雯放假时就跑到马路边，一站就是好几个小时。手指手臂被瓶子砸肿了，她还因为吃饭不规律，得了胃溃疡，被送进了医院。

命运垂青喜欢奋斗的人，郑雯第一次参加全国调酒比赛就拿了冠军。从那以后，郑雯更加卖力，一发不可收拾。迄今参加的所有比赛全是冠军，公开场合表演从未摔过瓶子。

郑雯的成功哲学是"做喜欢的事"，对于人生方向，她一直有着清醒的判断。

郑雯的第一份工作是在酒吧洗杯子，每个月工资400元，那年她16岁。"我不是为了钱，就是想看看调酒师平时怎么工作的。"郑雯回忆，当时跑了好几家酒吧，没有人看得上这个穿着校服、背着双肩包的学生妹。"后来有家店留下了我，因为洗杯子的大妈没来上班。"

寒风凛冽的冬夜，别的孩子躲在家里享受暖气，郑雯在喧闹的酒吧洗杯子，水是冰冷的，为了避免杯子打滑，她咬咬牙，脱去了橡胶手套。偶尔也会闹情绪，"凭什么啊，我一个孩子，衣食无忧，干吗非得跟自己过不去？"发完了牢骚，郑雯继续干活，直到后半夜，酒吧才打烊。

一次偶然的机会，酒吧的调酒师请假，郑雯走到吧台甩了几下瓶子，娴熟的表演让老板吃了一惊，"你可以过来试一下。"经过近两个月的煎熬，郑雯终于成为梦寐以求的调酒师，她的收入节节攀升，辞职时已突破了五位数。

当昔日同窗纷纷走进大学校园，郑雯拒绝了来自酒吧的高薪邀约，跑去调酒培训学校应聘教师岗位。

一个18岁的女孩拿起教鞭会是什么样子，尤其当台下学生的年纪比她还大。令郑雯感到头疼的是理论课，"别的老师可能要讲一个小时，但我说了5分钟就没话了，这是一个特别大的考验"。

如今，郑雯适应了从学生到老师的角色转变，手下教过的学生已逾万人，有的还来自国外。"除了几个成名的，更多人默默地在咖啡厅、酒吧工作，做着平凡而快乐的事情。”郑雯介绍，调酒师的待遇并不低，一个学生刚刚毕业，去了杭州，月收入4500元。当年跟她同一批学调酒的，现在基本都当上了经理或主管。

【点读】

面对母亲的不理解不支持，郑雯就偷着练。找不到对口的工作，哪怕是洗杯子，她也坦然接受，只为那个最初的梦想。成名后，有人想挖她进娱乐圈，她却坚持只做调酒。把调酒做到最好是她一直的坚持，正是源于这份坚持，她不断提升自己的专业技能，一步一步勇攀技艺高峰。

不忘初心，方得始终！其实，任何一门技艺的掌握和精进，都离不开坚持和专注。只有执着的追求和不断的探索，才能最终收获成功的果实。郑雯不仅自己是优秀的调酒师，还通过教学成就更多优秀的调酒师。郑雯通过自己的努力，不仅实现了自己的梦想，还逐步改变了人们对调酒师的偏见。

不论学习什么样的专业，身在哪个行业，只要坚持不懈、努力学习，一定能实现自己的梦想，为行业发展贡献自身价值。

【思考】

1. 读完上述身边的劳动者的故事之后，你得到了哪些方面的启发？

2. 当今时代，崇尚劳动有哪些具体的表现？

【践行】

一、活动主题

组织一次“劳动光荣 崇尚劳动”手抄报评比活动。

二、活动要求

1. 手抄报统一用4开美术纸。每份报纸上下页边距2厘米，左右页边距1.5厘米，版面布局合理，图文并茂，知识性和观赏性有机统一。

2. 手抄报必须包含报头、插图和文章三部分。

3. 版面制作均使用手抄文字和手绘插图，版面制作不能有任何粘贴。

三、评比标准

1. 内容健康，积极向上，突出主题，弘扬主旋律。

2. 栏目丰富，文章有文采流畅，字迹工整。

3. 版面设计新颖，有创意，版面图文并茂，整体效果好。

【拓展】

关于劳动的名言　关于劳动最光荣的句子

1.劳动是财富之父，土地是财富之母。——威廉·配第

2.人在自我的劳动中创造自我并明白劳动的美。——苏霍姆林斯基

3.任何一种不为集体利益打算的行为，都是自杀的行为，它对社会有害。——马卡连柯

4.看呀！世界不是劳动的艺术品吗？没有劳动就没有世界。——邓中夏

5.信仰是精神的劳动；动物是没有信仰的，野蛮人和原始人有的只是恐怖和疑惑。只有高尚的组织体，才能到达信仰。——契诃夫

6.别把劳动认为只是耕耘物质收获的原野，它是能同时开拓我们心灵原野的尊贵锄头。无论如何，我们可以借劳动加强我们的心身，除尽蔓延在我们心田的各种邪恶野草。然后，把幸福和喜悦的种子撒在此地，四季茂盛，以至开花。——帕斯卡

7.劳动使人长寿，懒惰催人老，勤劳能延年。

8.成功＝艰苦的劳动＋正确的方法＋少谈空话。——爱因斯坦

9.虽然有些人出于种种原因看不起他们，如果没有他们一年到头风雨无阻的辛勤工作，哪来今天漂亮壮观的高楼大厦，他们不应遭到鄙视，他们是值得我们尊敬的人，是我们建筑工地上最可爱的人。

10.智育对于人之必不可少，不仅是为了劳动，而且是为了精神生活的充实。如果智慧只是被训练去从事狭窄的职业劳动，那么生活就会变得贫乏、沉闷、远离共产主义的理想。——苏霍姆林斯基

11.劳动是个宝，人生不可少。

12.他们衣着普通，朴实厚道。他们中的绝大多数人来自祖国各地。阖家团聚的时候他们已经开始打点着简单的行李，带着父母亲的嘱托带着妻儿的期盼，离开了家乡，来到了建筑工地。从此，他们又开始了新的一年紧张繁忙而又辛苦的工作。

13.一个人要帮助弱者，应当自己成为强者，而不是和他们一样变成弱者。

14.真理从辩论中来，愉悦从劳动中来。

15.科学不是能够不劳而获的诚然，在科学上除了汗流满面是没有其他获得的方法的；热情也罢，幻想也罢，以整个身心去渴望也罢，都不能代替劳动。——赫尔岑

16.劳动是活的金银。——法国谚语

17.让我们一起做一个“知荣辱，爱劳动”的小公民吧！请记住：劳动的果实最甜美！

18.在学习中，在劳动中，在科学中，在为人民的忘我服务中，你可以找到自己的幸福。

——捷尔任斯基

19.知识是从劳动中得来的，任何成就都是刻苦劳动的结晶。　——宋庆龄

20.当一个人在深思的时候，他并不是在闲着。有看得见的劳动，也有看不见的劳动。

——雨果

21.在太阳下辛勤劳动过的人，在树荫下吃饭才会心安理得。

22.劳动的目的是为了获得闲暇。　——亚里士多德

23.要想舒适，就得不停地工作。　——乔·赫伯特

24.老百姓的生计在于辛勤劳作，只有勤于劳作，财物才不会匮乏。

25.不付出劳动就不会有收获。

26.当你坐在小汽车享受个人的流动空间，当你坐在巴士享受公众的效益，当你坐在远行的大船享受旅途的潇洒，当你飞入蓝天把世界变小，你可知道劳动的美丽。

27.男儿在劳动中成长，土地在劳动中变绿。

28.我们世界上最美好的东西，都是由劳动、由人的聪明的手创造出来的。

——高尔基

29.劳动是万物的基础，劳动是支柱，它支撑着文明与进步的结构和它那辉煌的穹窿。

——英格索尔

专题二　劳动艰辛，尊重劳动

【解读】

是劳动，建成了今天的万丈高楼；是劳动，筑就了现代化的信息高速公路；是劳动，让偌大的地球变成了一个小小的村落。劳动者用勤劳的双手和智慧，编织了这个五彩斑斓的世界，创造和延续了人类的文明。我们的父母也是众多平凡的劳动者之一，有的终日与黄土地打交道，有的在建筑工地上挥汗如雨，有的日复一日加班倒班……即使被生活压弯了腰，却仍坚强地为我们遮风挡雨。“不知稼穑之艰难，乃逸乃谚。”没有挥洒过劳动的汗水，没有体会过劳动的艰辛，很难真正理解劳动的

内涵、珍视劳动的价值。不珍惜劳动成果、不想不爱劳动、不会不懂劳动、不珍惜劳动成果的现象普遍存在，而中央发布的《关于全面加强新时代大中小学劳动教育的意见》，就是一种信号。希望大家积极参加志愿实践活动，做好值周劳动等，在劳动中磨炼艰苦奋斗意志、提升生活技能、增进社会责任担当，从而不断夯实成长的基石，真正理解人间万事出艰辛。

【阅读1】

钟世雄——曾经“游戏人生”　今成世界“蓝领冠军”①

钟世雄，1994年3月出生于广东省饶平县，初中毕业后进入广东省机械高级技工学校学习数控专业，2015年毕业后留校任教。

2014年9月参加第43届世界技能大赛综合机械及自动化项目全国选拔赛，获得第一名，晋级国家集训队；2015年8月，在巴西圣保罗参加第43届世界技能大赛制造团队挑战赛项目，获得金牌。

教室里，穿着蓝色工作服的钟世雄与几名学生在操作着设备，相互交流着。去年（2015年，编者注）9月，因获得第43届世界技能大赛金牌，钟世雄被母校广东省机械高级技工学校聘为高级技师，并享受副教授待遇。

初中毕业后进技校学数控

干净的脸庞，鼻梁上架着一副黑框眼镜，高高瘦瘦的钟世雄看上去谦逊温和。然而，少年时期的他却比较贪玩，甚至有些“顽劣”。

上初中时，钟世雄沉迷于电脑游戏，常常一玩就是一整天，这让他失去了读高中的机会。好在他对数学比较感兴趣，结合自己的特长，选择了广东省机械高级技工学校学习数控专业。

刚学习理论课的时候，钟世雄感觉很枯燥，有些东西想象不出来，但是一上机床，他就如鱼得水。

参加集训　层层选拔终夺冠

2011年5月，钟世雄入选学校数控集训班，但是，由于经常在宿舍玩电脑，他最终被淘汰。

“我意识到自己该长大了，不能再游戏人生。”2013年5月，钟世雄又报名参加集

① 案例来源：节选自天下潮商传媒（https://www.sohu.com/a/330711469_481645）。

训班。这次，他下定决心改掉玩电脑游戏的坏习惯。一个月后，他入选被分配到数控车工位。

2013年12月，综合能力比较强的钟世雄被安排到综合机械自动化项目集训。几个月后，他参加了第43界世界技能大赛综合机械自动化项目广东省选拔。经过层层选拔，他最终踏上世界技能大赛征程。在去年（2015年，编者注）巴西举办的第43届世界技能大赛上，钟世雄再次技压群雄，和伙伴们一举夺冠，获得制造团体挑战赛金牌。

追求精度第一　毕业后留校任教

“比赛时很淡定，他是个慢工出细活的选手。”这是钟世雄参加第43届世界技能大赛时的教练练振达对他的评价。虽然制造团队挑战赛项目会把时间作为一项评分点，但钟世雄有自己的沉稳劲儿，他始终没有改变追求精度第一的习惯。

“我坚信通过保证尺寸精度，可以弥补自己加工速度的不足。”这样的自信让钟世雄在每一次选拔考核中，都能以本专业方向第一名胜出。通过对产品进行多轮设计优化和反复训练，最终，制造团队拿到较高的成本分。

“不埋怨，不抱怨，不抢功，认真做好自己的事，安静地配合队友完成所有环节，互相信任，这是我们团队成功的基础。”钟世雄说，自己在团队合作中，最大的感悟和收获就是要相信自己、相信团队，并且学会了用平常心对待比赛的输赢。

这次参加世界技能大赛，钟世雄还遇到了一个意外，托运比赛用具的一个行李箱，没有被运到圣保罗。他没有惊慌失措，而是仔细列出工具清单，传给国内，让保障团在比赛前带来。“我觉得自己成熟了很多。”二十出头的钟世雄一脸青涩，但是言语里的自信已经没有了当年那个顽童的影子。

如今，钟世雄毕业留校当了一名教师。他说，希望自己能像全心全意带他参赛的老师一样，几十年如一日地保持对技术钻研的热情，不仅成就自己，也能为国家经济发展、为技能人才培养事业做出更大贡献。

【点读】

每个人都是独一无二的存在，也许有人擅长理论学习，也许有人擅长实际操作。每个人都可以遵从自己的兴趣来选择人生方向。然而，要把兴趣变成事业，无一例外的，都需要付出汗水和艰辛。罗马不是一天建成的！钟世雄能够站在世界职业技能的巅峰，是团队智慧的结晶，更是日复一日练习的结果。

也许现在，你正在学习和网络游戏之间苦苦挣扎，正在坚持和放弃中犹豫徘徊。想想那个为你搭建的梦想舞台，所有的掌声因你而起，所有鲜花为你绽放，不仅会得到经济回报，更会收获荣誉和尊重。到那时，抉择也就变得不是那么困难了！拿起你的课本，钻研你的技能，从现在开始，从脚下出发。

【阅读2】

“90后”裴先锋：“匠人精神”成就“大国工匠”①

一个普通的“90后”电焊工，让中国技术工人的名字第一次铭刻在技工界的“奥林匹克”赛事的丰碑上。他叫裴先锋，中国石油第一建设公司第三工程处313工程队电焊技师。

2011年，21岁的裴先锋来到英国伦敦，在第41届世界技能大赛上一路过关斩将，摘得焊接项目银牌，实现了这一赛事中国人奖牌零的突破，向世界展示中国“大国工匠”的风采。

1990年，裴先锋出生在洛阳洛龙区李楼乡下庄村，父母以种菜为生。初中毕业以后，为减轻家庭负担，他选择了上技校，毕业后成为中国石油第一建设公司的一名电焊工。

裴先锋的追梦历程，始于一个朴素的愿望：“当工人，就当最优秀的工人!”

刚开始接触高难度的合金钢焊接时，焊道成型总是不好，裴先锋白天工作，晚上学习，找来专业书籍查找焊接相关资料，然后在白纸上设计焊道的形状、划焊条的方法。渐渐地，他悟出了许多门道，对熔池灭弧的方向、停顿时间、电流在每一层施焊时的大小做到了如指掌。

2008年年底，裴先锋代表公司技校队，参加中国石油在河北廊坊举办的院校组电焊技能竞赛，第一次走出洛阳。

“上车前，师傅对我说，小裴，咱不光要能走出洛阳，坐上火车，要让自己走得更远!”师傅的话始终牢记在裴先锋心里。无论在一线工地，还是竞技场上，绝不放弃、勇夺第一的信念一直激励着他。

随着我国加快从制造大国向制造强国的转型升级，时代呼唤更多的“大国工匠”。2010年8月，裴先锋被选送到中国石油最具实力的一建焊接研究与培训中心进行强化培训。这座焊培中心被业内誉为“中国高级焊工的孵化器”。

裴先锋非常珍惜这个机会，格外用心学习。焊道坡口规定要用扁铲和铁锤把多余的部分剔掉，铁锤砸肿了手，他一声不吭；双手磨出了血泡，他咬牙坚持；好几次仰脸焊接时，由于精力太过集中，铁水顺着棉工作服口袋往下流，衣服被点着了

① 案例来源：节选自新华网(http://china.chinadaily.com.cn/2015-11/19/content_22485668.htm)。

浑然不觉。

功夫不负有心人，裴先锋的焊接技术突飞猛进。2011年10月，第41届世界技能竞赛在英国伦敦举行，在这个代表着国际技能和技术培训顶尖水平的赛场上，首次出现中国队的身影。

在这场比赛中，中国队共参加6个项目，派出了6名选手，裴先锋就是其中之一。最终，裴先锋以出色的技艺获得第41届世界技能竞赛焊接项目银牌。

2012年年初，获奖后的裴先锋主动提出回到他所属的一建公司313工程队，投入我国西南地区第一个特大型石油化工项目——四川炼化一体化基地施工建设中。2014年12月，裴先锋又主动要求，跟着一建公司海外项目队去了约旦，继续用多彩的焊花照亮青春梦想。

“不管你从事什么职业，只要你有梦想，有为实现美好生活打拼的勇气和勤奋，有为给这个社会增光添彩的努力，就不会被辜负。”裴先锋说。

这位年轻的中国焊工，以自己的逐梦历程诠释了专注执着、精益求精、勤奋钻研、艰苦奋斗的匠人精神，走出了一条当代青年技能工人职业发展之路。

【点读】

作为职业学校毕业的一个普通“90后”电焊工裴先锋，让中国技术工人的名字第一次铭刻在了职业技能界“奥林匹克”赛事的丰碑上。无论是在学校学习期间，还是工作中的点点滴滴，甚至是竞技场上，绝不放弃、勇夺第一的信念一直鞭策着他，激励着他。正是他这种坚持、勤奋和坚毅的精神让他在各种比赛中获得了优异的成绩。他以自己的经历诠释了专注、精益求精、勤奋刻苦的劳动精神。作为新一代的职校学生，更应该用劳动精神激励自己，脚踏实地、潜心专研，既要掌握知识本领，又要积淀职业素养，树立精益求精的职业精神，为将来建功立业打下基础。

【阅读3】

高铁研磨师宁允展：毫厘之间见“匠心”①

高铁，中国产的动车，是中国一张亮丽的名片！自2004年以来，中国高铁仅用十多年时间就实现了从追随到领跑的华丽跨越。这一名片饱含无数高铁人的付出，宁允展就是其中的一员。

出身工匠家庭的他在父亲的熏陶下，自小就立志学当一名技工。如今他是高铁

① 案例来源：节选自中国磨料磨具网（http://www.abrasives.org.cn/news/29410.html）。

首席研磨师，国内第一位从事高铁列车转向架"定位臂"研磨的工人，被同行称为"鼻祖"。由他研磨的定位臂，精度小到0.05毫米，比头发丝还细。高铁研磨十年，经他手的转向架从来没有出过次品，他发明的工装每年可为公司节约创效近300万元。他就是中车四方股份公司钳工高级技师、全国道德模范、大国工匠、全国最美职工的宁允展。

"干工作要踏踏实实，尤其是高铁这个关系国家荣誉，关系万千百姓出行安全的行业，更容不得一丝一毫的马虎。"今年45岁的宁允展，自19岁进入当时的铁道部四方机车车辆厂（中车四方股份公司前身），已经从事车辆钳工工作26年了。专研技术、磨炼手艺、破解难题，组成了他26年工作中的关键词。

2004年，中车四方股份公司由国外引进了高速动车组技术。在初试阶段，作为高速动车组九大关键技术之一的转向架，出现了巨大技术难题：位于核心部位的"定位臂"，接触面不足10平方厘米，在时速超过200公里的情况下却要承担相当于二三十吨的冲击力，并且只能通过手工研磨，精度稍差一点便会直接影响行车安全。当时，国内并没有可供借鉴的成熟操作技术经验，宁允展主动请缨，向这项难度极高的研磨技术发起挑战。

打磨机以300多转每秒的速度高速运转。宁允展坐在机器前，研磨、报废、再研磨、再尝试，凭借扎实的基本功和夜以继日的潜心研究，仅仅一周，他就攻破了这项外方熟练工人需花费数月才能掌握的技术！

不过，单单是掌握技术并不能让宁允展满足。他家有个30多平方米的小院子，他自费购买了车床、打磨机和电焊机，把这里改造成了研究新工装、发明新方法的"第二厂房"。在高速动车组进入大批量制造阶段后，转向架研磨跟不上生产进度的问题日渐突出，外方的研磨方法已经不适应企业生产需要。宁允展试验了近半年时间，发明了"风动砂轮纯手工研磨操作法"，将研磨效率提高了1倍多，接触面的贴合率也从原来的75%提高到了90%以上，使制约转向架批量制造的难题得到破解，为高速动车组转向架的高质量、高产量生产做出了突出贡献。

精益求精，是宁允展对技艺的不懈追求。如今，他研磨的定位臂，已经创造了连续十年无次品的纪录，从他和他的团队手中研磨的转向架装上了1100余列高速动车组，在祖国大地安全飞驰17亿多公里。

【点读】

宁允展从底层的劳动者走到国宝级的顶级技工，成为领域不可或缺的人才。他通过自己的刻苦钻研，不断创新，练就了很强的工装工具设计制作的能力。宁允展的事迹告诉我们：成功需要持之以恒的一点一滴的进步，需要勤勤恳恳、踏踏实实做手艺，也更让我们坚信，今天的成功离不开昨日挥洒的汗水。

与此同时，也正是因为有许许多多像宁允展一样的产业工人，他们以其聪明才智、敬业勤勉、追求完美、力求极致、专注而精益求精，才有一大批享誉全球的中国制造走出国门，领先世界水平。他们为完美的时代，为我们的社会所做的贡献，让我们为之震惊，为之叹服，为之激动，为之点赞。

【思考】

1. 为了你的幸福生活和安心学习，有哪些人从哪些方面在付出劳动？

2. 读了上述案例，你打算如何向他们学习？

【践行】

1. 搜集反映劳动艰辛和劝勉人们珍惜劳动成果的诗句，比一比哪个小组的同学收集得多。

2. 收集校园内不珍惜劳动成果的例子，并分别提出改进建议。

3. 编辑一条劝勉人们珍惜劳动成果的口号进行分享。

【拓展】

让“舌尖上的节约”成为习惯①

——全社会营造浪费可耻、节约为荣的氛围

习近平对制止餐饮浪费行为作出重要指示。他指出，餐饮浪费现象，触目惊心、令人痛心！强调要进一步加强宣传教育，切实培养节约习惯，在全社会营造浪费可耻、节约为荣的氛围。

记者走访发现，各地在大力推进“舌尖上的节约”上正在形成热潮，各餐饮协会发起倡议，餐饮企业张贴标语、海报，鼓励节俭节约，从各机关企事业单位，到

① 资料来源：节选自光明网《光明日报》(https://epaper.gmw.cn/gmrb/html/2020-11/18/nw.D110000gmrb_20201118_5-03.htl)。

学校、社区、网络平台，都积极加强引导，一个良性的拒绝“舌尖上的浪费”的社会氛围正在全民参与下日趋浓烈。

新风入人心

夜幕降临，近百名客人在长春一家自助餐厅就餐，广播中不时响起“勤拿少取，杜绝浪费”的提示。“大家自觉勤拿少取，浪费现象明显减少了。”餐厅经理张瑞说。

日前，中国商业联合会、中国连锁经营协会、中国烹饪协会、中国饭店协会以及美团点评联合向全国餐饮行业发起倡议书，提出当下要进一步创新宣传手段，将倡导文明风尚、厉行节约的行动推向深入。全国多地有关部门、餐饮协会等相继发出倡议，提出引导理性科学消费，推动绿色厨房创建，打造新时代节约型、数据型与标准型餐饮等内容。

记者走进全国十余个省（区、市）餐饮机构，“不剩菜，不剩饭，拒绝舌尖上的浪费”等海报、标语被张贴在饭店最显眼的位置，像“反对浪费，对得起胃”“光盘子，真‘面子’”“啃得光，才更香”等新式标语入脑入心。

提醒客人科学点餐和餐后打包，实行分餐制、“*N*–1”点餐模式和小份菜模式，为实现光盘的客人赠送礼品等创新服务方式，已在各地推行。“您可以少点两盘菜，如果不够您再喊我，我保证再点的菜15分钟内上桌。”山西饭店餐饮部副经理王红云对一桌客人说。

“大胃王”吃播，吃了吐，吐了吃；使用手机App点外卖时，为凑单打折多点一份菜……网络平台也是餐饮浪费的“重灾区”。中国演出行业协会相关负责人日前表示，坚决禁止在直播中出现假吃、催吐、猎奇、暴饮暴食以及其他铺张浪费的行为。抖音、快手等直播平台表态，对有浪费粮食行为、宣扬量大多吃的“吃播”内容将进行严肃处理。

人人都有责

“打卡第三天。晚餐特意控制了菜量，一家四口实现了光盘。”长春市民王维林发了一条朋友圈，还配了一张“光盘”图片，获得不少点赞。“我会一直响应‘光盘行动’，也会带动身边人一起践行。”他说。

对餐饮浪费说“不”，需要全社会齐心协力。企事业机关单位、学校、社区等都在行动之列。

墙上粘贴公益标语、餐桌设置提示牌……午餐时间，在国家电网长春供电公司食堂里，员工们有序排队打饭。“麻烦请少给我打一点饭菜，如果不够我再来添。”员工王倾城说。吃完饭后，作为“光盘”的奖励，他还获得了一盒酸奶。

对浙江省乐清市行政管理中心的工作人员来说，“光盘行动”早已潜移默化于心中。自2013年起，食堂平均每年都会举行一到两次文明就餐活动。食堂负责人说，过去中午平均有三四桶剩饭剩菜需要处理，近年来浪费现象明显减少。

全国各地的社区也在积极行动。近日，山西省阳泉市城区上站街道小阳泉南社区党支部书记王惠敏和社区工作人员挨家奔走，发放倡议书，也将厉行节约的精神及时传达给住户。“全社区2360户家庭，每户都要传达到位。”王惠敏说。

农村地区也刮起节俭新风。广西大化瑶族自治县古河乡丹桂村驻村第一书记马腾和村两委干部要求，全村50多名党员以身作则、率先垂范，并挨家走访进行宣传教育。“今年以来全村婚丧嫁娶没有大操大办、铺张浪费现象，村民节俭意识得到提高。”马腾说。

机制保实效

当前全社会掀起浪费可耻、节约为荣的热潮，但一些地方仍存在餐饮浪费现象。比如，在热情好客的东北，由于饮食文化讲究“大气”“实惠”，即便是两三个人用餐，依然用大盘子、大砂锅装菜，餐后剩下饭菜的现象时有发生。“东北人吃饭喜欢用大盘子、大砂锅，是受东北的气候、地理等环境影响。如何让地方风俗习惯去其糟粕、取其精华，值得全社会深思。”民俗专家、吉林省非物质文化遗产保护专家组组长曹保明说。

“厉行节约是大势所趋，我们提倡餐饮企业加快转型，通过将大盘菜改成小份菜，或者分餐位上菜等形式适应时代需求。”吉林省饭店餐饮烹饪协会会长生明宇说。

广西烹饪餐饮行业协会秘书长吴东栋认为，集体性聚餐也是餐饮浪费的“重灾区”，包括婚宴、会议餐、自助餐、团餐、商务性接待等。他认为，餐饮企业要重新设计菜品结构和食材搭配，调整菜品分量，创新计费方法，提升对节约的服务引导，努力制止餐饮浪费现象，让行业主体成为餐桌文明的自觉推动者。

在浙江温州，文成县周壤镇项山村的周有坤和叶晓敏刚举办了简约的婚礼，不剩菜、不浪费。一场婚礼办下来，至少减少成本6万元。针对红白喜事大操大办之风盛行的陋习，当地将移风易俗纳入《温州市文明行为促进条例》和村规民约，创新“德法双治”，推动婚丧礼俗节约简办蔚然成风。

无论是餐饮协会，还是在饭店，都在陆续形成制止餐饮浪费的长效机制，在四川眉山开元禧悦酒店管理有限公司，提醒顾客科学点餐、劝导顾客打包，已被列入对员工的基本考核项目，形成常态化。

上海市有关部门也表示，未来将着手建立关于餐饮浪费行为的举报投诉、专项检查等机制；推动相关部门、行业协会将“光盘行动”等要求纳入文明餐厅、放心餐厅、绿色餐厅评选指标体系，探索设立餐饮企业“红黑榜”名单。

专题三　劳动伟大，热爱劳动

【解读】

劳动人民是世界上最伟大的人民，他们用劳动创造了世界，创造了我们今天的幸福生活！是劳动，建造了今天的万丈高楼；是劳动，铸就了现代化的高速路；是劳动，使浩瀚的荒原变成了亩亩良田。

当我们走在上学的路上，一个个环卫工人已早早地拿着扫把，在大街上开始了一天的工作。

当我们走过建筑工地时，会看见许多建筑工人用他们宽阔的肩膀扛起一袋袋水泥、一根根钢筋、一把把铁锹。

我们的校园，永远像一个花园一样，干净整洁，花儿清香四溢，优雅的环境为我们勤奋学习创造了良好条件。但是这些都离不开保洁阿姨和园丁爷爷的默默付出。

做什么事都要付出劳动，想不劳动便得到劳动果实，那只能是空想，只会一事无成。

同学们，巨大的成就是要靠我们的双手拼出来的！美好的未来，我们不只是憧憬，还有更多的创造，让我们从现在开始，热爱劳动，热爱学习，用我们的努力去回报我们伟大的劳动人民。

【阅读1】

苗俭：机床上写出美丽人生①

年仅30岁的苗俭，目前获得的许多荣誉都是重量级的，在上海市及航天系统青年技术工人中已经小有名气。当笔者采访她时，她的第一句话就是：“我是幸运

① 案例来源：节选自宣讲家网71.cn（http://www.71.cn/2013/0427/711261.shtml）。

的。”不过，当笔者听完她的故事后却感觉到，她“幸运的”经历背后，掩藏了一份难得的坚强。“如果一个人一辈子真正用心去做一件事情，总是能够成功的，只要你认真钻研……”这是苗俭被问及自己成长的感悟时，说的一番话。是啊，对年轻的苗俭来说，她现在确实用心地做了一件事情，那就是学习。

苗俭，女，30岁，中共党员，八院804所铣工、数控加工双工种高级技师。参加工作12年来，苗俭一直从事雷达关键部件的加工工作。她坚持岗位学习，不断提高工作技能，解决了不少高难度加工难题，并多次获得技能大赛的好成绩。苗俭先后被评为上海市三八红旗手、上海市新长征突击手标兵、全国技术能手、全国杰出青年岗位能手、首届中国十大杰出青年技师等光荣称号。

苗俭的父母曾经支内到安徽，“小苗苗”也成长在安徽，并在安徽读了两年小学。1986年，苗俭随着父母回到上海后，生活上的奔波使苗俭也只能不断地转学。直至初中毕业，她共转了5所学校。父母一直把“小苗苗”当作男孩培养。苗俭从小动手能力强，成绩也出众，一直是班干部，但中考时她却以几分之差与重点高中失之交臂。无奈之下，苗俭上了一所技校。上一所好的高中，考一所好的大学，找一份好的工作，是社会上绝大多数父母对孩子的期望。只上了技校的苗俭也曾郁闷过，她因为自己不能上大学而懊恼。就在这个时候，爸爸的一句话鼓励了她：“掌握了一门好技术，生活照样很精彩。”在苗俭心目中，爸爸是个相当出色的技术工人。在她小的时候，爸爸就经常在业余时间利用自己的技术赚点钱贴补家用，还热心地帮邻居修这修那。有了爸爸这个榜样，苗俭仿佛看到了自己作为一名技术工人的美好前景。

在技校里，她因为成绩出众而被选拔到数控班学习。数控班的学习涉及编写程序，要求学生具有较强的抽象思维能力，这恰恰是女孩子的弱项。但作为班级里为数不多的几个女生之一，善于思考而动手能力强的苗俭，成绩在班级里却名列前茅。

在别人看来，苗俭的人生经历并不是太顺，但在采访中，她却不断谈到自己的幸运。她说起12年前被招进804所的事，庆幸自己能进入航天所工作。当时就业分配时，大部分用人单位都愿意招男生，她这个成绩优秀的女生反而成了“难题”。当时，804所到技校招铣工，要求也是只招一名男生。在看了学生档案后，所人事处的工作人员却对这个成绩优秀的女生挺满意，只不过提了一个要求，那就是这个数控专业学生得从铣工做起。当苗俭知道自己有机会进航天所工作时非常高兴。她说：“接触数控机床是幸运的，进入航天所工作同样是幸运的，航天给了我学习的机会、锻炼的机会。没有航天这块土壤，自己不可能很快地成长起来。”

刚参加工作时，苗俭看到车间里老师傅面对一张图纸，很快地就加工出一件漂亮的零件，而她看了大半天图纸却不知道从何下手。她的自信心降低到极点，自己在学校里算得上一个优等生，可一到岗位上却连上手工作都不行。

不服输的性格让苗俭与机床结下了不解之缘。上班时，她认认真真地跟随师傅学技术，仔细观察，潜心揣摩，不懂就问，大胆实践。下班了，她脑子里还牵挂着机床，细心地回味师傅传授技术时所讲的话，不弄明白决不罢休。苗俭是一个善于学习的女孩子，在师傅耐心的帮助下，工作一年后，她开始了独立操作机床。

现在的苗俭已经是高级技师了，可是那次独自成功完成的一项高难度任务仍然让她记忆犹新。对她来说，那是一个刚参加工作一年的黄毛丫头的第一次成功，那次成功对她后来的工作影响颇大。

当时804所加工的航天产品中有一个零件叫作"翼板"，它需要铣工在不锈钢材料上完成5条圆弧筋板的加工，还有平衡试验小于2克的技术要求。可能如今用数控加工该零件会是件很容易的事，然而在当时没有数控设备的情况下只能靠普通铣床通过近20次的装夹、定位才能完成，而且不锈钢材料较难切削。以往这种难度的任务都是由经验丰富的老师傅来承担的，但车间领导为了给年轻人多压担子，把这个艰巨的任务交给了苗俭。苗俭通过反复琢磨，并结合书本上学到的知识对工装加以改进，有效提高重复定位的精度和装卸时间，同时修磨合理的刀具角度，提高加工性能和效率。就这样在一一攻克刀具、装夹和加工方法等难关后，苗俭终于成功了——经她加工的零件合格率达到了100%。

【点读】

在高级知识分子汇聚的航天领域，苗俭作为一名普通的技术工人，而且又是一名女同志，但她坚信"行行出状元"，凭着一股不服输的钻劲和韧劲，练就出了高超的技能。在从事数控加工时间里，苗俭加工了大量高难度的零部件，解决了大量技术难题，她的兴趣和热情，她的敬业和认真，体现了劳动精神的内涵。

作为学生的我们，应该向苗俭学习，努力学习，迎接挑战，在不断学习和挑战自我的过程中，开阔眼界、提高能力，成就自己的人生梦想。

【阅读2】

大国小工匠林春泷：从农村娃逆袭成"国手"①

世界技能大赛被誉为"技工界的奥林匹克"。2015年，中国在第43届大赛中首次

① 案例来源：https://www.sohu.com/a/257526455_114731。

夺金，实现这次“零”的突破的正是林春泷和队友。如今，这位“95后”匠人已经成长为航空工业导弹院的技术骨干。

农村娃逆袭成“国手”

林春泷家在广东揭阳农村，中考落榜后，他无奈踏上打工路。做过印刷工人，学过会计。打工生涯异常辛苦，他没有坚持下来，半年不到，就辞职不干了。

“没有学历，没有一技之长，没人看得上你。”林春泷说，屡屡碰壁后他回了家。

“父母整日辛苦，还因为我抬不起头。我觉得不能这样活着，我要学一门技术，减轻家里负担。”2012年，在家人的劝导下，林春泷走进广东省机械技师学院，就读机电一体化专业。

“见到机械设备就莫名兴奋。”林春泷说，自己从小就喜欢机械，小时候自己拆收音机，把遥控赛车拆了做汽艇。以前上课，他瞌睡连天，到了技校课堂，“瞌睡虫”再没找过他。他沉下心，参加学校计算机辅助设计培训班，钻研学习普车、普铣和电装等操作技能。入学第一学期便取得全班第1名的好成绩。

2014年，成绩突出的林春泷代表学院参加广东省技能大赛，一举拿下省数控铣大赛第3名。随后，他参加了制造团队挑战赛项目的全国选拔赛，获得数控加工方向第1名，进入国家集训队。

集训期间，林春泷刻苦训练，多次阶段性考核获得第1名。他成为第43届世界技能大赛中国制造团队挑战赛项目的数控加工选手，代表国家远赴巴西。

“世界冠军”变身“工匠”

载誉归来，林春泷加入航空工业导弹院。他拜“大国工匠”鲁宏勋为师，加入其班组。

“只要扫两眼，我就能记住图纸上的形状和尺寸，再精密复杂的零部件我也能把它生产出来。”

林春泷记忆力惊人，“刀工”更是了得。数控操作对精度要求很高，一般要求误差0.01毫米以内，相当于一根头发丝的1/6。林春泷能用事先编好的电脑程序对机床进行控制，通过人工调试、切削加工等，保证零部件的精度。

即便技艺高超，从学校直接到车间，世界冠军林春泷还是不敢掉以轻心。“比赛是看谁做得更好，有些小的误差不影响高分。生产却不行，有一点误差，这个活儿就废了。”林春泷说。

年轻的林春泷不断在实践中磨炼。有一次他发现，有个零件每次加工完都会造成偏差，需要人工重新测量、修改坐标才能继续加工。他尝试编写了一段程序，改为机床在每次加工前自动校准坐标，重新定位，这样一来便提高了效率。

“大国工匠”源于专注

一个人之所以能够成为“工匠”，就在于他对自己产品品质的追求，只有进行时，没有完成时。林春泷正是这样一个“完美”追求者。他不惜花费大量的时间和精力，反复改进产品，努力把产品的品质从99%，提升到99.9%，再提升到99.99%。

“对于‘工匠’来说，产品的品质只有更好，没有最好。”林春泷说，师傅鲁宏勋身上体现的正是这样的“大国工匠”精神，他一直深受感染，也以此鞭策自己不断学习进步。

“我想去深造，现在知识更新太快了，不学习很快就会落伍。”林春泷说，自己正在准备专升本考试，给自己继续充电。他的目标是也像师傅那样成为“大国工匠”。“知识、阅历、经验都差得很多，我觉得自己还需要几十年的沉淀才能做到。”

党的十九大报告提出建设知识型、技能型、创新型劳动者大军，弘扬劳模精神和劳动精神，营造劳动光荣的社会风尚和精益求精的敬业风气。这些内容让林春泷备受鼓舞、印象深刻。

“我能取得这些成绩和荣誉，离不开师傅的指导以及整个团队的协作付出，更是国家对技能人才的培养和重视，让我在五年时间，从一名农村娃成长为技能型人才，这是我以前想都不敢想的。”

2015年，第43届世界技能大赛，我国获得5枚金牌，实现“零”突破；2017年，第44届世界技能大赛，我国获得15枚金牌。金牌数量从0到5，再到15，这背后体现了我国科技创新能力的不断进步。

“2021年，第46届世界技能大赛将在上海举办，我相信我国选手一定会再接再厉，再创辉煌，加油!”林春泷举起拳头，自豪而坚定。

2015年，中国在第43届大赛中首次夺金，实现“零”的突破的正是林春泷和队友。

【点读】

不唯学历凭能力，行行出状元。林春泷的故事告诉我们，长期以来，学历教育优于职业教育的社会氛围正在发生改变。

作为广大中职学子，担负着“中国制造”基业长青的光荣使命，同学们要学习林春泷谦虚、刻苦、追求卓越的精神和永不服输的冲劲、一往无前的闯劲以及精益求精的干劲，时刻秉承劳动精神，用丰富的知识、过硬的本领、勤劳的双手、扎实的行动创造不凡的业绩，用匠心和匠行擦亮“中国制造”。

【阅读3】

方文墨：精度决定高度[①]

2000年，方文墨参加中考，在班里第4名。按说，他可以上二类高中，何去何从呢？爷爷奶奶是技工，爸爸妈妈是技工，自小喜爱鼓捣机器的方文墨，毅然选择了技校。

在很多同学看来，上技校没前途，当工人没出息。可是在学校里进行教育时，放国庆阅兵录像片，当飞机飞过天安门上空时，老师说：“这些飞机就是我们制造的。”那一刻，方文墨心中翻滚着，心想，自己将来要做中国最好的钳工，要做最先进的飞机。

方文墨18岁从沈飞技校钳焊专业毕业分配进入沈飞公司。工作后他才知道，学校里学的那点东西真是九牛一毛，为了全面掌握专业技术，他白天在厂里勤学苦练，自购了一些理论力学、结构力学和钳工工艺学等专业书籍，晚上回到家系统学习。他购买的专业书籍多达400余本，还整理了20余万字的钳工技术资料。

钳工是一个实践性很强的工种，技术的提高是靠练出来的。他“夏练三伏，冬练三九”，有一阵儿，方文墨苦练像是着了魔。酷热的夏天，方文墨一言不发，双手辗转于机器和零件之间。火星不时飞溅，燥热难耐，豆大的汗珠顺着他头发滴落，不一会就汗流浃背。方文墨全神贯注，反复锉磨，一遍遍打磨、测量、再打磨……不知不觉中，10个小时过去了，没吃饭的他，只靠喝水补充体力。在平时每次加工过程中，方文墨都会对自己要求高一些，把工件公差等级提高一个精度。渐渐地，一块铁疙瘩放在方文墨手里，他边打磨边拿捏，就能知道加工成合格零件还差多少、差在哪里。

方文墨不仅苦练，而且善于动脑。他在实践中自制刀、量、夹具100余把（件），改进各种刀、量、夹具200余把（件），这样既提高了工作效率，又降低了劳动强度，更提高了工作精度。

就这样，方文墨的技术水平有了很大的提高。于是车间专门把很多技术难度大、质量精度高的抠手活、收尾活交给他。他都保质保量地完成了。一次加工某型军机的操控系统。这个立体系统由8个面嵌合而成，每个面空隙、平面精度相当于头

① 案例来源：节选自人生屋(http://www.rensheng5.com/yilinzazhi/lzrwb/id-159812.html)。

发丝的1/5，分到每个面上表面精度不到1/25，小于要求的公差，就会出现滑动、松动；大于这个公差就会发涩、发紧，从而影响操控性能。接到任务时，有人说：“最先进的数控机床，也达不到这个精度。这哪是人干的活。”但方文墨接了下来，最后做出来，“免检”通过。

但他还不满足，怎样挖掘潜力呢？父亲说：“你得赋予冰冷的零件以温度与情感，赋予它第二次生命。”这让方文墨开悟了。加工一个零件，常常一站就是三四个小时，而往往是手上一个颤动就会前功尽弃。为保证手掌对加工部件的敏锐触觉，他每天都用温水浸泡双手20分钟，以去掉手上的茧子；大个头的他喜欢打篮球，但怕手受伤，不得不忍痛远离篮球；有一斤酒量的他，为避免工作和比赛时手发抖，索性把酒彻底戒掉。渐渐地，他心理素质越来越好，产品质量更是精益求精，从0.1毫米、0.05毫米，再到0.02毫米，方文墨不断缩小零件加工公差的刻度。

文墨常说：“精度决定高度。”在这样的信念支撑下，他对自己提出的技术标准严格得近于吹毛求疵。与此同时，他还向科技要速度与精度。他改进工艺方法60余项，改进设备2项，提出生产窍门24项，总结先进操作方法和撰写技术论文12篇，申报技术革新项目20项，并取得了“多功能测量标架”等3项国家发明专利和实用新型专利。为此，方文墨付出了常人难以付出的辛苦，也创造了令人啧啧称奇的成果，其手工锉削加工零件精度达0.003毫米，这个精度仅相当于头发丝的1/25，连自动化程度很高的数控机床加工都达不到这个精度，处于国内尖端水平，被称作“文墨精度”。他还赢得了第六届“振兴杯”全国青年职业技能大赛的冠军。

2009年10月1日，当方文墨和家人从电视里看到在新中国成立60周年庆典大会上，他亲手参与制造的战鹰飞过天安门上空时，他和爸爸妈妈紧紧地拥抱在一起。

方文墨25岁，成为沈飞公司历史上最年轻的高级技师；26岁，成为全国最年轻的高级技师；29岁荣获中国青年五四奖章，并被聘为中航工业首席技能专家，受到习近平的接见。

【点读】

在10年的平凡岗位上，方文墨创造了非凡的业绩，他用自己的双手打磨出高精度的航空零件，也磨砺练就了勤于钻研、甘于奉献、勇于攻坚、善于创新的劳动精神。这位精于毫厘、志在千里的“钳工之王”，用一名航空蓝领青年的志向与毅力，打磨着自己的人生精度，谱写了航空产业工人的壮美篇章。

【思考】

1. 苗俭、林春泷、方文墨的成长经历给同样是中职生的我们哪些启示？

2. 热爱劳动体现在哪些方面？

【践行】

“以劳动者最伟大”为主题，拍摄一组在节假日期间仍然坚持在工作岗位上的叔叔阿姨（如公交车司机、执勤的交警、医生等）的照片，每张照片下面配上文字说明，最后说一说，他们的无私付出对国家、对社会分别有什么意义？

【拓展】

“人生梦，劳动美；热爱劳动，从我做起”倡议书

亲爱的同学们：

热爱劳动是中华民族的传统美德，我们理应将它传承下去。我们讴歌劳动，是为了记住过去；我们崇尚劳动，是为了开创未来。让我们从现在做起，人人热爱劳动，人人参加劳动，体验劳动乐趣，感受劳动价值，珍惜、尊重他人劳动成果。现向全体同学发出如下倡议。

一、尊重劳动

1. 尊重每一位劳动者。劳动创造了世界，劳动创造了人类，劳动创造了财富。尊重劳动就是尊重人本身。

2. 尊重和珍惜他人的劳动成果。劳动不仅伟大，而且神圣，任何人的劳动成果都应该受到尊重。

3. 劳动不分贵贱，坚持“劳动最光荣”。任何一项劳动都是崇高的，劳动只有分工不同，没有高低贵贱之分。

二、热爱劳动

1. 认真参加劳动教育，深刻认识劳动的重要性。在实践中形成尊重劳动的价值观，树立“以辛勤劳动为荣、以好逸恶劳为耻”的正确劳动态度。

2. 家里的事情帮着做。坚持每天参加家务劳动，提高劳动技能。作为家庭成员的一分子就理应为家庭家务做贡献，积极主动洗碗、洗衣、扫地、拖地、做饭、炒菜、整理房间等。

3. 积极参与孝亲、敬老、爱幼等方面的劳动。给长辈梳头、捶背、揉肩，陪伴老人；给弟弟妹妹做榜样，教育弟弟妹妹。学会照顾他人。

4. 协助父母参加劳动。在确保安全的前提下，协助父母参加一些力所能及的劳动。

三、树立正确的劳动观

1. 认真参加劳动教育，深刻认识劳动的重要性。在实践中形成尊重劳动的价值观，树立“以辛勤劳动为荣、以好逸恶劳为耻”的正确劳动态度。

2. 持之以恒，养成良好的劳动习惯。习惯是稳定的、自动化的行为，同学们要具备满足生存发展需要的基本劳动能力，形成良好劳动习惯，每天坚持学习劳动技能，不能因学得慢或做不好而着急，更不能半途而废。

3. 动手实践、出力流汗，接受锻炼、磨炼意志，对知识躬身修行，以身体“丈量”世界，用双手开创美好生活。

同学们，我们都是劳动者，更是未来世界的主人。让我们用心去感受世界，用行动去美化世界吧！让我们体验劳动的美好，争做一个热爱劳动的中职生，用汗水描绘自己的梦想，让中华民族的传统美德在我们身上继续发扬光大！

专题四　劳动美丽，创新劳动

【解读】

一个小品有这样一句话：没有劳动者你吃啥？没有劳动者你穿啥？没有劳动者你臭美啥？没错！世界上如果没有劳动者我们就无法生活。如果没有环卫工人的辛勤劳动，我们的地球就是一个巨型垃圾场；如果没有公共汽车司机的奔波劳累，我们就寸步难行；如果没有农民伯伯辛苦耕耘，我们就无法生存。

如今已经进入了追求技巧劳动、脑子劳动、知识劳动等创造性劳动而带来人类进步与发展的时代，创新劳动的价值得到了充分的尊重和弘扬。一个社会，只有弘扬创新劳动光荣的良好风气，才能实现体面劳动的愉悦，才能实现社会财富的不断增长。

【阅读1】

少年壮志逞英豪①

——第43届世界技能大赛工业控制项目选手李金豪

河北省邢台技师学院17岁的李金豪，就用自己的实力，技压新西兰和澳大利亚选手，在大洋洲技能竞赛上取得工业控制项目组第1名，获得金奖。

① 案例来源：http://www.mohrss.gov.cn/zynljss/gzjl/201505/t20150508_160599.htm。

这次在新西兰举行的大洋洲技能竞赛，是今年（2015年，编者注）8月份巴西世界技能大赛的热身赛，年仅17岁的选手李金豪是此次比赛中国团年龄最小的选手，他在这次大赛中表现出来的稳健的状态和取得的优异成绩，不仅让同学和老师们惊喜，更让李金豪的父亲惊讶、意外。

原来，李金豪的父亲是坚决反对李金豪考技校的，他认为，那是一个没出息的选择，也是一个没有希望的人生。

然而，表面上看起来温和的李金豪，还是不顾父亲的反对，毅然选择了邢台技师学院，选择了他喜欢的工业控制项目。

“在中国现在的教育制度下，成绩一般的学生并不好找工作，还不如学一门技术更实在，况且这门专业是我喜欢的，这份职业也是我喜欢的。”李金豪告诉记者，兴趣才是最好的老师。

2013年，初中毕业后，李金豪并没有像其他同学一样选择读高中，而是毅然决然地选择了邢台技师学院。对于李金豪的选择，父亲虽然很是心有不甘，但也无可奈何，叹息说：“我管不了你，就随你去吧。”

对于父亲的态度，李金豪虽然表面不从，但内心也有更多的理解。李金豪告诉记者：“我父亲是一名保安，母亲是一名月嫂，他们希望我能读高中，考大学。”

每个父母都希望儿女有个好前途，李金豪说，父亲并不同意他到技师学院上学，但他还是选择了坚持。其中，有几位同学也想跟他一起读技校，无奈遭到了他们父母的强烈反对，他们只好选择了放弃。

“上帝为你关上一道门时，必定会为你打开一扇窗。”

在邢台技师学院，李金豪在学习中找到了快乐，也找到了自信，更提升了技术实力。或许是邢台技师学院开放式的教学环境和大量的实操训练，令李金豪瞬间觉得真正找到了自己的优势所在。

2014年春季，李金豪参加了系里的选拔赛，技压群雄，直至在全国选拔赛中，获得了第1名。

在学习技能的过程中，李金豪对技术技能也有了更深的思考，李金豪告诉记者，学好一门技术，首先是要熟练，再就是必须要学会思考。

自从上了邢台技师学院，得到全国比赛第1名后，李金豪不但没有让父亲失望，反而给父亲带来了一连串的惊喜。

终于有一天，李金豪的爸爸自豪地说他，“这个学没白上！”

2013年秋入学，2014年获得工业控制专业全国比赛的第1名，李金豪的思想、言谈举止，与他的年龄似乎“对不上号”。

技能让人学会成长，技能让人自信，他毅然选择了技工学校，李金豪用自己实际行动向父亲证明，自己的选择并没“跑偏”。

世界技能大赛被誉为“技工界的奥林匹克”，李金豪通过层层选拔，正式成为参加第43届世界技能大赛工业控制项目的参赛选手。

“这是邢台技师学院建院以来首次参加国际赛事。”邢台技师学院院长荀凤元告诉记者，不久前，邢台技师学院被人社部批准为第43届世界技能大赛中国集训基地，正在承担工业控制、商务软件解决方案两个参赛项目的集训任务。

去年（2014年，编者注）8月15日至18日，第43届世界技能大赛工业控制、商务软件解决方案项目全国选拔赛在邢台技师学院举办，来自全国7个省（市、区）的23名选手展开激烈角逐，最终邢台技师学院学生李金豪、施政伟、安育林包揽工业控制项目前3名。

虽然是一名“90后”选手，但李金豪训练起来一样特别刻苦，从没有同龄人的傲娇。李金豪告诉记者，自己将继续刻苦训练，以扎实的基本功和昂扬的战斗力，迎接今年（2015年，编者注）8月在巴西举行的第43届世界技能大赛“圣保罗之战”。

【点读】

《论语》曰：“知之者不如好之者，好之者不如乐之者。”兴趣才是学习最好的老师，或许有些人觉得劳动精神离自己太遥远，其实“非也”，乐趣和热情恰好就是劳动精神的第一要素。李金豪正是从小很爱动手拆装、维修一些物件，才奠定了他在世界技能大赛中拔得头筹的基础。

刻苦、努力也是劳动精神的精髓之一。对技能技艺的不断磨炼、对困难的直接面对、对梦想追求的专业保持足够的热情和兴趣，培养良好的学习习惯，不断增强自己动手实践能力和探索能力，以专注、严谨的态度不断磨炼自己的技艺技能，劳动精神的种子就会悄悄地在我们的心中生根发芽，并茁壮成长。

【阅读2】

餐饮美女黄灿　人间有味是清欢[1]

1991年，黄灿初中毕业时，选择了一所重点旅游学校。在校期间，黄灿学习很用心，毕业前，黄灿以优异的成绩考入了西南航空公司成了一名空姐，后来还成为重庆第一个青年文明号红岩乘务组组长。

① 案例来源：节选自新浪博客(http://blog.sina.com.cn/s/blog_512586290100fkv2.html)。

经常做“空中飞人”的黄灿，发现重庆餐饮菜品在各地都极受欢迎，但却没有自己响亮的餐饮品牌，她觉得重庆的餐饮行业最大的不足就是缺少包装。20世纪末期，外来餐饮企业纷纷入驻重庆，引发了一场重庆餐饮的革命。一向爱吃的黄灿敏锐地意识到，重庆餐饮的春天已经来临。她在干好本职工作的同时，也开始了自己的创业。1999年黄灿与先生在重庆加州花园开了家1000多平方米，名为“菜香源”的川菜馆。并且结合了自己的想法，将带有浓厚巴渝情调的文化川菜、技术川菜、百姓川菜、新派川菜融为一体，进行时尚化、品牌化、规模化演绎，形成了独具一格的、自成体系的“新概念川菜”。

在原有川菜注重色、香、味、形的基础上，增加了声、养、器三个全新的概念，使其菜品更加精致；在装潢上，她大胆创新，在细节上入手，“巴山蜀水妙趣横生，十二景无限风光，十八怪幽默搞笑，民俗言子诙谐夸张”，让消费者在品味佳肴美味之余更好地享受轻松、愉悦的高雅就餐环境。黄灿说：“中华文化深远博大，地方特色风格迥异别具特色，在此基础上我还加上了很多欧美元素，以全新现代时尚的方式来演绎传统的东方文化。”此招一出深受食客赞许，在餐饮界掀起了一股川菜革新之风，并风行大江南北。多年来，菜香源在关爱中成长，在关注中提升自我。今天的“她”，历经岁月打磨，从质朴中蝶变而出，不仅葆有着一如既往的厚实底蕴，更绽放出成熟却不呆板、优雅却不刻意的无言大美。龙湖水晶店、杨家坪九龙会、南方花园店，以三种迥然不同但却一脉相承的姿态扬起“新菜香源”的大旗，用值得品味的细节打动人，用视觉的盛宴感动心。这里绝不张扬，色调柔和沉静，坐下来，只需要一点点时间，就能在品质中见出“她”的奢华贵气，于无声处感受到“她”的暗地妖娆：装修风格是在欧式的基础上摒弃浮华，加入了一些简约主义的要素，而在装饰上则用水晶灯具打造梦幻纯净的氛围，用手绘油画营造空间的灵动，用绝不雷同的插花艺术构筑清新家居感。——一个懂得的人，自然能够体会菜香源所做的一切细微的努力。

2001年年底，黄灿辞去了西航乘务长的职位，专心致志地扑进餐饮事业，她坦言：“在事业的初期困难重重，餐饮行业有其自身的特点，品种繁杂，原材料保质期短，价格变化大。特别是食品原料的采购工作，是厨房成本控制的重点也是难点。为此我也交了很多学费，当时我们店里有道菜‘手撕鸡’，当时‘手撕鸡’在重庆是没有的，都是从四川采购来的，因为没有经验，每只‘手撕鸡’我们给供货商多交了40%的钱，一年下来就多交了几十万。”

很多人都说黄灿是餐饮老板中过得最洒脱的，对此黄灿说：“一个老板只有一双眼睛，每天只能看几个人，看几个包厢，不可能面面俱到，一开始可能要亲历亲为，但当企业做大了之后就不行了，要是凡事都要亲自去抓的话，那这个企业就没有什么发展空间，所以制度是很重要的。”对现行的管理制度，黄灿比较满意：“菜香源也是最早聘请职业经理人的餐饮企业之一。我现在做得最多的就是到处取经，增长自己经验，取别人之长补己身之短。”

在“天星壹号”酒店上她也颇费了一番功夫，不但内饰精致，还在重庆率先向客人提供了自助洗衣、干衣，自助厨房服务，以及免费的自助营养早餐、免费的上网冲浪，同时还融入了一些重庆特色的娱乐项目，以客人的话来说就是“用低廉的价格享受星级的服务”。

“企业的发展要做到精益求精。”黄灿说：“现在自己能把吃、住、行都做好就已经很满足了，暂时不会再涉足其他的领域，毕竟自己还年轻，需要更多的沉淀，近期主要的重心是想让企业国际化，想让公司业务拓展至海外，日本和澳洲的可能性最大，过段时间就会去澳洲考察。”

【点读】

从空姐到创业者，从创业者到餐饮文化公司的董事长，黄灿实现了理想到现实的转化，更实现了创业者到创业成功者的身份蜕变。然而，这份蜕变经历了太多艰辛的选择：初中毕业选择职高，创业初期选择离开优渥的空姐工作，创业站稳脚跟选择继续创新，餐饮业出成绩后选择投资旅游服务业，似乎每一次的选择都恰到好处。

追本溯源，选择所爱的专业，认真学习；在每一个岗位上都勤勤恳恳，努力做到最好；每一次机会都毫不犹豫、全心投入，也许这就是黄灿成功的秘诀。

【阅读3】

青春在“焊花”中绽放①

攀枝花技师学院机电一体化专业毕业生曾正超，中国十九冶集团焊工高级技师，中冶集团首席技师、中国工程建设焊接协会高级技师、攀枝花技师学院助教，曾获得第43届世界技能大赛焊接项目金牌、第43届世界技能大赛突出贡献奖、第43届世界技能大赛国家最佳选手、全国技术能手、全国冶金建设行业高级技能专家、中冶集团劳动模范、四川省劳动模范、第20届中国青年五四奖章等诸多荣誉称号。

荣誉光环的背后，曾正超有太多常人体会不到的艰辛。他的青春在“焊花”中绽放。

① 案例来源：节选自第欧焊接网（http://www.maihanji.com/article/disarticle_4532.html）。

1995年12月，曾正超出生于四川省攀枝花市米易县一个偏远山区，小时候家里贫困，自身又贪玩，成绩也不好。初三毕业时，班主任对他说："正超，你身体不错又能吃苦，不如去学电焊，别小看电焊工，技术含量很高，毕业了也吃香，不一定非得考大学。"于是，一心想早点工作为父母分担家庭重担的曾正超，义无反顾地选择了上技工学校。

听说攀枝花技师学院的焊接专业比较好，而且还有机会参加比赛，可以学到很多东西，16岁的曾正超就背上行囊，踏进攀枝花技师学院，选择就读四年制高级焊接班。年少的青春，悄然在"焊花"中绽放。

作为焊接专业的学生，刚开始练习焊接时，曾正超连焊枪都抬不稳，几乎每天都在受伤。而且，由于没有电焊基础，焊出的焊缝很难看。然而，对焊接有着浓厚兴趣的曾正超，能吃苦又好学，几乎到了着迷的程度。

当学校选拔备战第42届世界技能大赛集训队员时，曾正超以班级前5名的成绩被选进了集训班。训练中，曾正超并没显示出过人的本领。但是，教练抽查时注意到，有的孩子或休息或玩手机，曾正超却每次都在坚持训练。因为焊接的火候全掌握在手上，不仅要求手臂有力，还要求关节灵活，干活既准又稳。为了练稳，曾正超特意将一块砖或一块铁吊在手腕下。曾正超的内敛沉稳、吃苦耐劳的性格，被焊接教练所看重，而他也被选中成为第42届技能大赛焊接培训班的一员。4个月的集训生活过去了，首次冲击世界技能大赛的曾正超，或许是年龄太小，经验不足，止步于全国十强"十进五"。

2013年年初，18岁的曾正超被派到孟加拉国参与工程建设，分到孟加拉AKG公司电炉炼钢项目部，面对高温等诸多困难，经过不懈钻研，他完成的焊接管口在项目第三方X射线探伤检测中全部一次性通过。

2014年，曾正超获得了进军第43届世界技能大赛的资格，从2014年年底到2015年8月前往巴西参加比赛，几乎每天都要集中训练12～14个小时。在集训期间，每天6：30起床，6：30—8：00进行40分钟以上的体能训练，8：00开始焊接技能训练，基本上每天都要训练到晚上十一二点。

集训期间没有节假日，焊接技能训练按照大赛的要求进行，大赛要求4个模块：单件焊接、低碳钢压力容器、铝合金结构件和不锈钢结构件4个模块。每个模块都会分不同的选项，大赛时每个选手会从中抽取一个进行作业。准备时必须每个项目都要准备到，训练任务非常繁重。

曾正超对每一条焊缝的要求都是精雕细琢。看图、放样、下料、成型、组合，五大步骤步步“惊心”，不仅要比技艺，还要拼速度。刻苦的曾正超训练焊接时焊花飞溅，烫穿衣袖，手臂上全是大大小小的烫疤。而他再痛也忍住，因为在焊接的时候手抖一下，都有可能影响焊接质量。

曾正超付出了常人体会不到的艰辛。从手掌到手臂，大大小小的烫疤，像“寄生虫”趴在上面一样，令人触目惊心。从16岁第一次握起焊枪时起，几万个小时的焊接训练，500多摄氏度的高温所溅出的“焊花”，在这个年轻小伙子的手臂上，留下了焊接练习时被铁水烫伤的数不清的伤疤。

2015年8月，19岁的曾正超代表中国产业工人，远赴巴西圣保罗参加第43届世界技能大赛焊接项目比赛。在4天18个小时内完成4个模块的焊接。比赛结果出来，曾正超技压各国高手，“好焊”登上了世界之巅，赢得焊接项目金牌。他的对手，新西兰焊接专家赛后向他表示敬意，赞叹道：“你完成的是艺术品，你就是一位艺术家。”

【点读】

莎士比亚说过，“唯有埋头，才能出头”。对年轻人来说，青春是亮色，专注、踏实、奋进是底色。只有脚踏实地的努力，才会有仰望星空的美好。踏实、认真、奋进，是工匠的作风和品质，也是他们练就真本事的秘诀，他们以炉火纯青之技艺，彰显了勤奋精进之登峰造极。

从职业学校走出来的工匠曾正超，走过了艰辛、付出了勤劳、收获了成功、赢得了信任，他用焊花燃起了一支绚烂的劳动之歌、青春之歌。

亲爱的同学们，你可以在前人曾经走过的路上继续前行；你也可以开疆拓土，成就自己的人生；你还可以做一名骄傲的水电工和焊接工。只要坚持自己的目标，不忘初心，用心去做，认真去追求完美和极致，你的青春之花将绽放于四季！

【思考】

1. 创新很神秘吗？请举例说明。

2. 你打算在目前的学习生活中如何体现创新劳动？毕业后呢？

【践行】

一、任务

采访一个劳动者，并体验本项劳动获得的真实感受。

二、要求

1. 采访前拟好采访的问题，要求有针对性、有意义，避免采访时偏离主题。
2. 采访时注意自己的文明礼貌，不要妨碍别人的正常工作，合理安排采访时间。
3. 注意安全，尽量不给别人制造麻烦。
4. 采访后，写出自己内心真实的感受。

【拓展】

创新造就了上汽大众徐小平①

徐小平是发动机二厂的一名维修工，作为一名维修工，他并不是像其他人一样，设备坏了就去修好，而是尽可能想办法让设备不再出问题，他的探索创新的精神，让他获得了一系列的荣誉。激光技术普遍应用在现代制造业加工工艺中，由于激光设备经常发生焦点走失的情况，“焦点捕捉”成为快节奏流水线生产的主要技术瓶颈。徐小平大胆提出“用可见光代替激光，实现可视对焦”的假设，可德国专家否定了这一想法：“这是不可能的!”

徐小平不服输，经过4个多月的钻研、探索和实验，研制成功“光可视对焦仪”，不仅填补了一项国际激光技术的空白，也在上海大众生产实践中产生直接经济效益1400多万元。

徐小平对工作的热情令人特别佩服，他日复一日地围着厂里的机器转，不知道他有没有厌烦过，但是他说：“工作对我而言就像是在做家务活。你想，你为家人做家务，怎么会感到厌倦呢?现在，厂和家在我的生活中已经成为一体了，这种状态令人在很大的压力下仍能保持精神饱满，心情愉快。”他将维修工作视为自己的事业，倍加热爱。他刻苦钻研业务技能，敢于向专业领域的高端水平挑战，在他管辖的进口数控机床的维修保养中，取得了令人信服的业绩。近十年来，他为企业攻克了30多项的技术难关，进行了大胆的工作创新，减少了维修工件，降低维修成本高达4000多万元，为企业在中国制造出一流的轿车发动机做出了突出贡献。他从事维修工作时只有高中文化。面对进口的数控机加工设备，他博采众长，注重自身的能力培养，将学习与工作有机地结合起来，工作了29年，顽强地自学了26年，使自己成

---

① 资料来源：节选自上海新闻(http://sh.eastday.com/m/20130426/u1a7352155.html)。

了既掌握高超专业技能，又有良好外语能力的学习型技术工人。他的这段话让我深刻意识到，我们在工作中应该也要抱有同样的热情，不仅是一板一眼的工作，还要予以创新，不断学习和创新。

徐小平一次又一次获得劳模称号，工作中的兢兢业业也是值得我学习的，尤其是当他觉得和德国人交流有障碍时，为了能够没有误解地获得德国技术，他选择自学德语，这对于我们来说都是件很困难的事情，更何况对于只有高中文化的他。然而，功夫不负有心人，徐小平成为德语讲得最好的维修工人，这也是他能够解决各种维修难题的垫脚石。同时让我看到学习是多么重要，只有不断学习，给自己注入新鲜知识，才能使自己在时代的潮流中不被淘汰。

专题五　劳动崇高，体验劳动

【解读】

是我们的祖先的辛勤劳动和刻苦钻研，才诞生了震惊世界的四大发明，才创造了光辉灿烂的中华文明。如果没有他们的辛勤付出，我们能有今天的幸福生活吗？著名教育家陶行知说过，“人有两件宝，双手和大脑”，只有用这两件宝，培养勤劳的优良品质，充分发挥聪明才智，才能将中华文明进一步发扬光大，才能令我们伟大的国家变得更加繁荣昌盛。因此，我们应该把“以辛勤劳动为荣，以好逸恶劳为耻”作为毫不动摇的、永远的原则。

【阅读1】

爱岗敬业　银行柜员的“逆袭青春”[①]

2003年，刘娟是怀着青春梦想走进招商银行的。当时招商银行去她所在学校招聘实习生，她作为学生会干部，在层层选拔中脱颖而出，最终成为招商银行青岛分行一名基层员工。而现实给了这个素来优秀的女孩子狠狠一击，在招行，每个员工都要从储蓄柜员做起，看似简单的柜面业务，做好却不简单。刚到银行时，因为不是科班出身，刘娟的业务能力并不好，在业务大赛中曾排名后三位。

① 案例来源：节选自中华儿女新闻网（http://elite.youth.cn/qlk/201711/t20171101_10948812.htm）。

半年多后，由于人手不够，刘娟被调到香港中路支行做轮班柜台服务。不过，她在刚上柜时业务技能并不熟练。整个2004年，刘娟取得了连续一年零售业务无差错的成绩，但是效率总是提不上去。柜台外几十个等待的客户、烦琐的操作流程和严格的风险控制要求，每每让她心急如焚。最极端的记忆，就是上岗不久后的一次午饭时间，柜员少、顾客多，业务量很大，偏偏那时她还没有效率概念，结果被后面排队办业务的一位女士批评“能不能快一点！真给你急死了!”

刘娟至今记不起来那一天后面的业务是怎么完成的，但从此她开始在柜面操作和服务流程的规范上猛下功夫。晚上下班的路上，刘娟也在公交车上练习点钞，回家后让父母接着陪练。“每天睡觉前，我总会在脑海里把每笔业务都过一遍，不明白的地方用本子记下来。工作中有什么新发现、新点子也及时记录，下班后我会把所有笔记进行汇总，然后运用到新一天的工作中。”

不久，“点钞关”顺利通关，刘娟又面临计算器翻打百张传票的考验。为了提高效率，她在主管的帮助下，开始加强对数字的记忆练习。在公交车里，她看见路上的车牌号码就记；走在路上，看到广告牌上的电话号码便在最短时间内默念一遍。经过反复强化练习，刘娟终于练就过目不忘的本领，传票上十几位的数字看一两眼就能记住，极大提升了技能水平。

不到一年时间，在全行的技能测试中，刘娟点钞、计算器、打字等各项成绩均名列前茅，在支行的业务量考核中首夺第一，完成了她的第一次“逆袭”。

刘娟并不满足。为了提高效率缩短作业时间，她开始摸索改善操作流程。以前所有操作都由右手完成，刘娟试着把某些动作分配给左手，这样左右手可以一齐操作，时间节省了不少。原来，在顾客签字确认的几秒钟里，柜台操作人员一般是坐等顾客签完字再进行下面操作，而刘娟就把这短短几秒钟也利用起来盖章，收拾单据等。这样一来，她把每一秒钟都有效地利用起来，效率提高了50%。

微笑站立迎送、双手递接、刷卡、敲击键盘、验钞、请客户签名……每天都要将一系列烦琐细小的服务动作重复几百遍，刘娟却能将其演绎得自然流畅，像在舞台上做美轮美奂的艺术表演。

从2003年进入招商银行至今，刘娟从最初业务比赛中的后三名，到创新设计“刘娟流程”，在不断挑战中完成了精彩“逆袭”。而今，她是全国金融青联副主席、招商银行青岛市南支行大堂主管。

2012年，刘娟当选党的十八大代表。这一次，她光荣地再次当选党的十九大代表。这位银行业务一线的“80后”坚守者说，自己得知消息后，第一反应是惊喜，旋即想到责任。“使命在肩，不容辜负。”

【点读】

这是一位"80后"职校毕业生从学校到社会成长，"埋头苦干""业精于勤"，在平凡岗位上干出不平凡业绩的普通劳动者的故事。她是全国爱岗敬业的榜样，她那种爱岗敬业、勤于钻研、奋发进取的精神，正在激励鼓舞着所有的职校学子。

同样作为职校学子的同学们，一定要从刘娟的故事中吸取养分，努力学习，勤练专业技能，无论是学习还是工作，都要永葆热情和创新意识，做好自己的本职工作，用自己的专心和努力在平凡的岗位上做出成绩。

【阅读2】

0.01毫米的较量：公差大小关乎胜负、匠心[1]

全国职业院校技能大赛，有身经百战的万名"国手"站在赛场上。他们经历了无数枯燥又艰苦的训练，从成百上千次比赛中一路过关斩将，最终赢得了全国大赛的入场券。数控车床、现代化电器控制系统、工业机器人……他们手中熟稔操纵着的"兵器"同样代表着行业的最高标准，经过几个小时的精心打磨，一个个"无限接近完美"的成品在他们手中诞生。

高手要做的，是让误差小一点，再小一点，甚至为0.01毫米的微小差别不断较真儿。事实上，这个仅为一根头发丝直径1/5的误差区间，区隔出的不仅是胜负，更是作为一名匠人的匠心——追求极致、精益求精。

2016年全国数控车中职组一等奖获得者，来自天津机电工艺学院的天津小伙儿王孝森。他已经记不清楚，为了将0.03毫米的误差再缩小0.01毫米，自己到底花了多少时间去练习，不过，他很享受这个追求"无限接近完美"的过程。

长达4个半小时的数控加工技术（数控车）比赛，他连口水都想不起来喝，"感觉完全钻进去了，时间倏地一下就过去了。"从电脑编程、选择刀具、动手打磨……一件长150毫米、宽80毫米的异型工件上隐含了上百个尺寸数据，任何一个数据出错就直接成为废品，而每一个数据的公差不能超过0.02毫米。

"这个要求比以前又提高了0.01毫米，是与世界技能大赛水平对接的。"王孝森的指导老师臧成阳对大赛再熟悉不过了。他是2008年首届全国职业院校技能大赛数控车床的一等奖获得者，次年，他又拿下大赛该项目的一等奖第一名。也是凭着大赛漂亮的成绩单，他留在母校成了技术"名师"。大赛开办了9年，他眼看着这些年

① 案例来源：节选自新华网（http://education.news.cn/2016-05/16/c_128986916.htm）。

大赛不断推动着职业教育改革的车轮一路向前。

他回忆，2008年那会儿，数控车床在国内并不普及，很多选手甚至都不能完成比赛要求的任务，“现在85%的选手都能做出来，关键就看谁完成得更精准、更完美”。

这些年，瞄准行业和产业发展的技能大赛也在不断修订规则，技术不断提升、设备不断翻新，对选手的要求也越发严格，“以前，按照国家技术等级的七级标准要求，公差范围在0.03毫米，特别是长度，原来公差可以允许到0.1毫米；现在调整为六级，公差必须控制在0.02毫米”。

哪怕再细微的工艺提升，在专注于机械加工专业的王孝森看来，都意味着更长时间的训练，这不仅是对体力和脑力的考验，更是对整体意志的锤炼。他常常在数控车床的车间里一待就是一整天，为了矫正工件上的某一个数据，他能连续十几个小时泡在车床前反复尝试，直到得出正确的结果，“苦肯定是苦的，但眼看着自己做出的产品越来越好，特别有成就感”。

天津机电工艺学院党委书记王千文常常在晚上八九点下班时，还看见数控实训车间灯火通明，里面只有臧成阳和王孝森师徒二人在车床前忙碌的身影。“对从事的专业首先要非常热爱，只有热爱才能更加专注，而只有专注才能做出精品。”王千文说，希望学生把自己做出的每一个产品都看成艺术品，“不仅是技艺有多高，还要融入了感情的才是精品”。

大赛对品质精益求精的追求，也直接影响着职业学校平日里的教学和考核方式。“我们对学生的考核非常严格，要么得100分，要么就是0分。”王千文解释说，职业学校培养的是未来的大国工匠，他们生产出来的每个工件都要看成一件产品，误差哪怕超过规定的0.01毫米，都直接列为废品。她用了一个简单的例子来说明这种严苛的考评方式，“你看我们平时用的手机壳都是严丝合缝的，哪怕差一点点就装不上去，就是必须被淘汰的废品” 。因此，在这所学校，学生是否能毕业不是老师说了算，而是企业派专家来设置考评标准，完全按照企业的标准评价学生的技术水平。

【点读】

王孝森在“0.01毫米”的较量中表现出来的不仅是一根头发丝直径的误差区间，更是作为一名匠人的匠心——追求极致、精益求精。他这种做事专注、追求完美、不怕吃苦、爱钻研的精神正是工匠精神的体现。这是一种把心静下来，哪怕慢也要享受“无限接近完美”的过程。他这种追求极致的精神正是对职业的敬重和对品质的坚守。

同样作为职校学生的同学们，也应该像王孝森一样，认真学习专业知识，做到专心、用心，掌握过硬的一技之长，具备优良的职业素养，为以后在职业领域取得好成绩积累力量。

【阅读3】

"世界第一剪"是怎样炼成的①

2015年的巴西赛场上，聂凤"一战成名"，无数镁光灯聚焦在她身上，一时间成了万众瞩目的话题人物。可在此之前，她曾经历过无数次的失败与黯淡。

世界技能大赛是最高层级的世界性职业技能赛事，被誉为"技工界的奥林匹克"，其竞技水平代表了各领域职业技能发展的世界先进水平。每届比赛，每个国家只能派出一名选手参加一个项目，参赛机会十分宝贵。"跟游戏里'打怪升级'差不多，大部分人在前面就倒下了，能坚持到最后和终极大Boss对决的，只有一个人。"

然而，现实比游戏要残酷、艰苦得多。"17岁起，我不是在比赛，就是在准备比赛。大大小小的比赛经历过30来场，最多的，就是'淘汰赛'。""淘汰赛"在入学时的班级里就开始了，随后是年级、学校、省市选拔。国内每个省市再挑出2名选手参加全国选拔赛，选取10名进入国家队。一个半月后，留下5个；再训练一个半月，留下2个；最后决定参加比赛的唯一选手。

为了在比赛中发挥出最佳状态，聂凤比初学时更加努力。从早上7点开始，到晚上10点结束，除了专业训练，每日还有近2个小时的体能锻炼。备战期间，聂凤每天练习的头模至少3个，一年能剪掉两三千个头模。"虽然把能用来训练的时间都用起来了，但对手实力太强，我还是当了两届'世赛'的'陪练'。"聂凤显得有些无奈。

2011年，中国第一次参加世界技能大赛，聂凤以全国前五的成绩入选国家队，但在最终的集训阶段被淘汰；2013年，第42届世界技能大赛，聂凤在全国选拔赛中拔得头筹，本以为胜券在握，却在最后阶段滑落至第3名；到了2015年，面对第43届大赛的选拔，聂凤倍感压力："世界技能大赛对参赛选手有年龄限制，一般要在22岁以下。这次比赛是我最后一次机会了！"虽然这回在最初的选拔赛中聂凤只排在第4，但她吸取了上届比赛的教训，迅速调整好心态，终于在这次赢得了世界技能大赛的入场券。

常年高强度训练，聂凤的身体也受了一些影响：颈部脊椎有些弯曲，头部微

① 案例来源：节选自华夏经纬网（http://www.huaxia.com/xw/shgj/2017/07/5399127.html）。

倾，手背和手臂上的肌肉也凸了起来。“剪个头而已，至于把自己累成这样吗？”一开始，身边的很多人都对她的“拼命”表示不解；而当荣誉向这小姑娘纷至沓来时，又有人觉得不可思议：“当教授、拿国务院特殊津贴的不都是专家学者这些高大上的人物吗？一个剪头发的，不可能吧！”聂风坦言，抛开少数人的质疑不管，最欣慰的是，学生们在她身上看到了未来发展的前景和希望。“他们中的很多人现在愿意把美发造型当作一项事业去追求，这会为整个行业注入一股‘新生命’。”

“过去，由于社会观念、薪酬待遇等因素，人们对职业教育的认同感不高。随着整个社会对‘工匠精神’的不断追求和崇尚，人们的就业观念已经慢慢有所改变。”重庆五一技师学院校长朱泉表示。

【点读】

“宝剑锋从磨砺出！”年复一年的训练，日复一日的打拼，聂风从未觉得枯燥乏味，也从未抱怨或放弃。正是这些集中在聂风身上的闪光点，才让她击败众多优秀选手，成功笑到最后。“世界第一剪”，是勤奋努力的最高肯定！沙子要变成珍珠，必须经过痛苦的磨砺。我们要获得成功也一定离不开失败和汗水。只有在一次次失败后总结经验教训，再接再厉，继续前行，才能收获成功的喜悦，也必将收获成功的喜悦！

【思考】

1. 你在家里可以帮助父母做哪些家务劳动？

2. 在学校，你怎样履行值日生责任？

【践行】

我和妈妈换一天岗

一、任务

角色互换，体验劳动。

二、要求

1. 做一天妈妈每天要做的家务活，体验劳动的甘苦。

2. 以此为题写一篇500字以上的体验日记，分享到班级微信群。

【拓展】

劳动之所以崇高，是因为劳动是财富之母，人类所享受的一切物质成果、科技成果、文化艺术成果无一不是劳动的产物。

奥涅格说过一句话："劳动与人类正如树枝和树干连接在一起那样，脱离树干的树枝很快就会枯死。"这句话告诉我们，劳动与人类是密不可分的，没有劳动就没有人类的今天，没有劳动就没有人类的未来。

作为跨世纪的一代，历史赋予了我们重要的使命。所以，我们应该早日树立主人翁意识，关心国家大事，热爱自己的家园，树立远大志向，把个人的前途命运同祖国的命运相结合，认真学习文化科学知识，苦练专业技能。我们要培养劳动感情，养成劳动习惯，珍惜劳动成果，积极参加社会实践活动。

第二章 学习劳动模范 弘扬劳模精神

【导读】

劳模精神是劳模之所以成为劳模，而在平凡岗位上做出不平凡业绩所坚持坚守坚定的基本信念、价值追求、人生境界及其展现出的整体精神风貌。“劳动模范身上体现的‘爱岗敬业、争创一流，艰苦奋斗、勇于创新，淡泊名利、甘于奉献’的劳模精神，是伟大时代精神的生动体现。”习近平关于劳模精神的表述，为我们科学理解和大力弘扬劳模精神提供了正确的方向和指导。这需要我们一方面正确理解这一表述中六个词汇的各自含义，另一方面又要从整体上把握劳模精神的科学内涵。

总体上看，这一表述一方面道出了劳模之所以能在广大劳动者群体中脱颖的根本原因，另一方面也为广大劳动者群体提出了奋斗的目标和方向。六个词汇中，爱岗敬业是本分，争创一流是追求，艰苦奋斗是作风，勇于创新是使命，淡泊名利是境界，甘于奉献是修为。做一个守本分、有追求、讲作风、担使命、有境界、有修为的人，是每一位劳模的精神风范，更是每一位劳动者应该追求的目标。

专题一 爱岗敬业，忠于职守

【解读】

爱岗和敬业，互为前提，相互支持，相辅相成。“爱岗”是“敬业”的基石，“敬业”是“爱岗”的升华。我们需要做到无条件地热爱自己的岗位，因为工作岗位为我们提供了展示个人才能，实现人生价值的平台。我们因为选择这个岗位，所以热爱；因为热爱这个岗位，所以选择。敬业是在爱岗的基础上自然而然地产生的一种严肃认真对待自己工作岗位的态度，是爱岗精神的升华。只有热爱自己的工作岗位，严肃认真地对待自己的工作，我们才能够做到忠于职责，在岗位上不断钻研学习，精益求精，在平凡的岗位上做出不平凡的成绩。

【阅读1】

用敬业奉献精神矗起一座座建筑丰碑①

陆建新，男，汉族，1964年7月出生，中共党员，现任中建钢构有限公司华南大区总工程师，深圳国际会展中心（一期）施工总承包项目部技术副总监兼钢结构项目部总工程师。

陆建新1982年中专毕业于南京建筑工程学院（现为南京工业大学）工程测量专业，从最基层测量员干起，一步一个脚印成长为钢结构建筑施工领域顶级专家。

37年来，他像钉子一样“钉”在建筑施工行业的最前线，辗转工作于国内外8个城市，参与44项工程施工，其中包括国内7幢百层高楼中的4幢，参建工程总高度达3600余米，见证并参与了中国超高层建筑从无到有、中国建筑从100米级高度逐步攀升至600米级世界高度的全过程，亲身参与创造了深圳国贸大厦“三天一层楼”、深圳地王大厦“两天半一层楼”的“深圳速度”和广州西塔“两天一层楼”的世界高层建筑施工速度新纪录。

37年来，他专注于钢结构施工领域，守得住初心、耐得住寂寞，刻苦钻研、精益求精，不断开拓创新，开发了一系列国际领先或先进的钢结构施工技术，主持完成的11项成果经鉴定达到国际领先或先进水平，1项成果荣获日内瓦国际发明展特别金奖，主持及参与完成的国家专利达400余项，参与完成的成果获4项国家科技进步奖，个人荣获国家科技进步二等奖，他使中国钢结构施工技术从落后西方半个世纪跃升为世界领先水平，被誉为“中国摩天大楼钢构第一人”。

37年来，他舍弃安逸、踏实做事、低调做人，在成本管理上一丝不苟、滴水不漏，在工程质量上严抓细抠、精心打造，耐心细致地推敲着建筑施工过程中的一个个细节，事无巨细地琢磨着一个个变数，用别人难以理解的“严谨”与“苛刻”，投入与工程有关的每件事，用毫米的刻度捍卫中华民族的尊严，成为中国工匠精神的践行者。

陆建新先后获得“国企敬业好员工”“广东省优秀共产党员”“中国好人”“央企楷模”“全国五一劳动奖章”等多项荣誉称号，当选中国共产党广东省第十二次代表

① 案例来源：节选自《晶报》（https://baijiahao.baidu.com/s?id=1643913063504657835&wfr=spider&for=pc）。

大会代表。2018年10月24日，陆建新作为深圳市道德模范代表，在深圳改革开放展览馆受到习近平亲切接见。

【点读】

第一学历只是中专的陆新建，37年来发扬“钉子精神”，始终在建筑施工的最前线，最终在平凡的岗位上做出了不平凡的贡献。什么是“钉子精神”?雷锋是这样说的：“要坚守在自己的岗位上。有些人说工作忙，没有时间学习。我认为问题不在工作忙，而在于你愿不愿意学习，会不会挤时间。要学习的时间是有的，问题是我们善不善于挤，愿不愿意钻。一块好好的木板，上面一个眼也没有，但钉子为什么能钉进去呢？这就是靠压力硬挤进去的，硬钻进去的。由此看来，钉子有两个好处：一个是挤劲，一个是钻劲，我们在学习上，也要提倡这种钉子精神，善于挤和善于钻。”这就是人们广为称道的雷锋刻苦学习的“钉子精神”。陆建新正是发扬这种“钉子精神”热爱自己的工作岗位，因爱而敬，用爱岗敬业精神矗立起了一座座建筑的丰碑。

【阅读2】

你用电 我用心①

他以工匠精神自勉，不忘本来，坚守“初心”，30年扎根一线，是配电抢修一线的“活地图”和“急先锋”；作为“蓝领创客”，他精益求精，执着创新，带领团队累计为公司产生直接经济效益近10亿元，是天津市电力系统唯一享受国务院政府特殊津贴的一线工人。他注重发挥党支部的组织引导功能，创造“六化”工作法把做职工思想工作与日常管理相融合。他把社会责任扛在肩上，成立共产党员志愿服务队，用爱与真诚搭起与百姓、客户的“连心桥”。他以对党的无限忠诚、对事业的坚定执着、对百姓的绵厚深情书写了一名共产党员的时代价值。2016年年初，天津市委将他作为天津重大典型进行宣传。2019年9月，他荣获第七届全国道德模范“全国敬业奉献模范”。

30年来，张黎明始终没有离开条件艰苦的配电抢修一线，因为，“电力抢修是雪中送炭、救人危急的事，干着光荣”。这是张黎明的回答，也是一个普通共产党人对平凡岗位的承诺、对理想信念的坚守。

做好故障抢修，技术要精，地理也要熟。没有任务的时候，张黎明总是随身带

① 案例来源：节选自中国共产党新闻网（http://dangjian.people.com.cn/n1/2016/0630/c117092-28513406.html?from=groupmessage&isappinstalled=0）。

着笔记本，记下所辖线路的全部位置及周边环境，回来后一条条线路图精确地绘制下来，并弄清所有配电线路所带的用户及用电性质。简单的事情重复做，重复的事情用心做，久而久之，张黎明练就了一手事故诊断的绝活，凭借线路保护动作情况、设备健康状况、故障周围环境，就能迅速准确地判断出事故的基本性质和位置，为尽快送电争得了宝贵的时间，被同事们称为“活地图”。

张黎明服务的辖区是天津市滨海新区，这里是中国经济增长的“第三极”，落户在这里的世界500强企业达140多家。作为所在班组的负责人，张黎明经常在供电的关键时间选择24小时值守，以便随时投入故障抢修。“党员就是要走在前，干在前，凡事比别人多做一些，做好一些。”海河隧道工程是我国首次在高地震区修建的沉管隧道，备受瞩目。2014年10月晚上12点左右，海河隧道建设工地突然停电，海河隧道负责人给张黎明拨通了求助电话，与此同时，张黎明也接到公司调度的电话，要求他们迅速开展全线故障排查。仅2个小时，挖断的电缆就被重新接好。抢修结束后，张黎明还主动给参建的施工队伍培训，防止此类事故再次发生。

多年来，他从未关过手机，更不会让手机没电或欠费，有时候夜里听到下雨了，他也习惯性地把手机握在手里，为的就是第一时间接到电话，第一时间赶到现场，第一时间解答疑难。抢修一线工作常常与危险相伴，但张黎明还是选择毅然前行。2015年8月12日23:30左右，滨海新区开发区瑞海公司仓库发生连续爆炸，16分钟后，张黎明就率队抵达距离爆炸点不足1.5公里的事故现场，到次日凌晨5点，共往返医院和事故现场8次，为20多名伤员抢下了救援“第一时间”，张黎明和他的队员以抢险救援的“最美逆行”彰显大爱与责任。

在滨海新区开发开放、自贸区建设等五大战略机遇叠加的新形势下，站在新的起点，张黎明坚守电力抢修一线，以更便捷的服务、更精湛的技术、更务实的作风，展现当代共产党员的时代风采，为全力服务安全天津繁荣天津美丽天津建设、服务地方经济社会发展、服务百姓民生贡献着自己的力量。

【点读】

“爱岗敬业”从来都不是一句空话，它有着十分丰富的精神内涵，需要每一个劳动者在实际工作中去领悟和践行。三十年来，张黎明始终没有离开抢修配电一线，这是他对自己选择的岗位的热爱，因为选择所以热爱；也正是因为热爱这个工作岗位，所以选择不忘初心，砥砺前行，在这个行业一干就是三十年。秉持着对岗位的热爱之情和负责态度，他不断钻研技术，随身携带笔记本、精心绘制线路图，手机从未关过机更不会让手机没电或欠费，他也因此被同事亲切地称为“活地图”“急先锋”。

【阅读3】

既要脚踏实地，又要仰望星空①

1989年，王曙群从技校毕业后参加工作，从事工装模具的装配、维修工作。没有高学历，有的只是踏踏实实地拧紧每一个螺钉，装配完成好每一件工装产品，确保不因工装问题影响产品生产。机缘巧合让他遇上对接机构，1996年，149厂举办高级工培训班，规定工龄在10年以上的职工才能参加，当时王曙群才工作7年，但他得益于中级工考试获得全厂第2名的好成绩，破格参与了培训班，在培训过程中正好赶上对接机构产品研制。用他的话说，“新的任务、新的技术，一下子激发了我的激情，我想学，想好好学，恨不得把对接机构研制初期遇到的问题统统在培训班里找到答案。另外，学到的新知识点，我也想赶紧在生产过程中实践起来”。

1998年，对接机构进入初样产品研制阶段，由于很多工作都是首次，很多问题让人措手不及，有的甚至觉得无解。他说：“当时遇到的问题都是从未遇到过的，有时出了问题归零都不知从何入手，感觉越来越难，甚至对自己的工作产生了怀疑，这个东西太难了，到底能不能做出来?”越是有问题，越是前进不了。上班解决不了的问题，就需要下班继续。王曙群还是选择了坚守，他坚信，前进的路虽然艰辛、长期、曲折，但办法总比困难多。他只有用成功来证明自己的坚守是对的。在对接机构研制过程中，为了提高装配的可靠性，他牵头研发了50多台（套）专用装备。他完成论文15篇，获得5项国家发明专利，是对接机构技术国家专利主要发明成员之一。对接机构中的每一套单机必须经过各项试验，合格后才能进行总装，其中有10大类31套单机还需经过热循环试验的考核，一次热循环就需37个小时的连续试验。

为了保证试验的连续性和测试数据的准确性，王曙群总是带领他的团队每次都坚持连续工作37个小时，每到半夜瞌睡袭来时，他们就用冷水擦一把脸；饿了，就啃几块饼干。就这样，31套单机他们连续做了31次37个小时的试验。光做单机试验的工作量尚且如此，整个对接机构试验的工作量就更不用说了。

“天宫一号”作为带着对接机构首次上天的飞行器，承载了王曙群太多的寄托。可就在“天宫一号”发射前，当大家刚要为完成前一阶段的工作要稍微放松一下的时候，对接机构在进行最后一项热真空试验过程中，发生了无法解锁分离的问题，现场一时无法判定问题症结。该问题惊动了所有研制线上的技术人员，问题如果不

① 案例来源：节选自新浪网(http://k.sina.com.cn/article_1663612603_6328b6bb02000l3ck.html)。

在短期内解决，不仅在经济上造成巨大损失，还会直接影响到“天宫一号”的发射计划。技术人员经过分析后，列出了所有故障模式，但一时无法判断问题根本。

他们把最熟悉对接机构的王曙群请到了现场，了解故障现象后，他想：“这个时候，我必须比谁都冷静。”通过系统分析后，他沉着地列出了所有故障的可能性，逐一分析、排除，很快将问题定位在锁驱动中的一根传动轴上，判定该轴已经断裂，且是由于试验设备过载造成，后来也得到了事实验证。故障迅速排除，“天宫一号”如期发射。

“16年的攻关的路虽然漫长，但我们终究是胜利了。我曾经也失败过、气馁过，但最终我还是选择了坚持，一路上，有了与困难做斗争的心，再多困难都会迎刃而解。”

【点读】

脚踏实地就是要踏踏实实地做好最基础、最基本的工作，基础和基本的含义不能等同于简单没价值，如果在劳动中连基本和基础的工作都不能做好就更不能面对复杂的工作情景了；仰望星空是指我们在踏实做好基础工作的同时也要有远大的理想和抱负，眼光不能仅仅局限于眼前的局面。“历史只会眷顾坚定者、奋进者、搏击者，而不会等待犹豫者、懈怠者、畏难者。”习近平在党的十九大报告中揭示的这一哲理，就是航天科技集团上海航天技术研究院149厂王曙群从一名技校生成长为大国工匠奋斗史的真实写照。

【阅读4】

名扬神州的“高铁工匠”①

张雪松，男，回族，1973年2月生，中共党员，中车唐山机车车辆有限公司铝合金厂工人。

工作27年来，张雪松始终坚持学习钻研，在高速动车组生产中不断攻克技术难关，完成技术革新109项，制作工装卡具66套，形成工艺文件和操作指导书72项，摸索技术参数、形成核心技术，是用科技创新提升“中国速度”的“高铁工匠”。

1992年，张雪松从技校毕业，成为中车唐山公司的一名技术工人。2005年，中车唐山公司与德国西门子公司合作研发时速350公里动车组制造技术，张雪松因此与

① 案例来源：节选自中国文明网（http://www.wenming.cn/specials/2019zthd/7thmd/sddmf/md/jyfx_43263/201909/t20190905_5244582.shtml）。

高速动车组结缘。他作为铝合金车体铆钳班班长，面临的第一重考验就是提高铝合金车体焊接精度。动车组的高速运行对车体焊接要求相当高。焊接后一旦产生变形或缺陷，后果将不堪设想。他带领技术攻关团队，历经上千次试验，制作出焊接夹具、装配定位板、反变形工装卡具等，形成了一系列工艺文件和操作指导书，保障了首列CRH3“和谐号”动车组在唐山顺利下线。

高速动车组开始批量生产，生产线上的设备、工装缺陷等问题，制约着生产顺畅进行。为解决问题、保证生产，10多年来，张雪松先后完成30多项设备、工装的技术改造，修复加工中心高速专用进口刀具30余把，修复进口数显伸缩尺300余次，多次出手解决生产线的停工问题，保证了动车组车体的正常生产。他还为铝合金车体生产线30多台进口大型数控设备建立完善的系统周期保养体系，通过量化指标，制订合理的国产备件和润滑油脂的替代方案，降低维护成本和润滑油的储备需求，大大减少数控设备的故障率。

这些年来积累的绝招、绝技，张雪松都毫无保留地通过现场演示、导师带徒等方式传授给工友。他领衔的“张雪松国家级技能大师工作室”，每年完成100多项创新，多项技术填补国内空白。

张雪松荣获全国优秀共产党员、全国劳动模范等称号，被授予中国青年五四奖章、中华技能大奖，2019年，张雪松被授予第七届全国敬业奉献道德模范荣誉称号。

【点读】

曾国藩曾说：“凡做一事，无论大小难易，皆宜有终有终。”想成功，最快的方法是做你喜欢做的事，然后全力以赴。但凡做一件事情，不管是大是小，是困难还是容易，都应该坚持做完，日积月累，最终受益的都是自己。正是源于对自己的工作岗位充满热爱，张雪松才能做到数十年如一日的坚守，27年以来，从始而终，始终坚持在高速动车组生产一线。作为中国第一代高铁工人，他立足本职，不断进取，能加工1/6头发丝精度的工件，能处理螺丝和丝锥折断这种大家头疼的难题，为大国重器成为世界标杆，为“两个一百年”奋斗目标的实现再立新功。

【思考】

1. 读完上述全国敬业奉献模范的故事之后，你得到了哪些方面的启发？
2. 当今时代，爱岗敬业、忠于职守有哪些具体的表现？
3. 在当前就业形势下，你如何理解爱岗敬业，忠于职守？
4. 踏上工作岗位后的你，准备怎么践行爱岗和敬业？

【践行】

辩论赛活动方案

一、活动目的

1.透彻理解爱岗敬业、忠于职守的时代意义。

2.提高思辨能力，培养团队合作精神。

3.活跃班级文化氛围，丰富课余生活。

二、辩论主题

是干一行爱一行还是爱一行干一行。

三、活动要求

1. 正反方准备辩论赛论证资料。

2. 精心组织一次辩论赛。

四、活动地点

各班级教室。

五、活动流程

环节一：分组。将班级学生分为两组，通过抽签方式决定正反方。

环节二：组队。正反方自愿报名参加辩论赛预赛。

环节三：预赛。将正反方报名的同学随机分为两组进行现场自由辩论，由教师各选出4名表现突出者组成正反方。

环节四：对决。立论陈词（限时2分钟）；攻辩（提问和回答限时90秒内）；自由辩论（各自累计8分钟）；总结陈词；其他同学提问；辩论结论，教师点评；评选优胜方、最佳辩手、优秀观众同学。

【名言锦句】

1.不要把工作当成义务，要当作权利。 ——池田大作

2.功崇惟志，业广惟勤。 ——《尚书》

3.现代人最大的缺点，是对自己的职业缺乏爱心。 ——罗丹

4. 不能爱哪行才干哪行，要干哪行爱哪行。 ——丘吉尔

5. 为把明天的工作做好，最好的准备是把今天的工作做好。 ——哈伯德

6. 不论从事哪种职业，走向成功的第一步，就是必须对这种职业感兴趣。

——欧斯拉

7. 凡事都要脚踏实地去做，不驰于空想，不骛于虚声，而唯以求真的态度做踏实的工夫。 ——李大钊

8. 如果工作是一种乐趣，人生就是天堂。 ——歌德

9. 职业是天然的医生，对人类的幸福来说是根本性的。 ——克劳狄安

10. 抱着一颗正直的心，专心致志干事业的人，他一定会完成很多事业。 ——赫尔岑

专题二 争创一流，勇当先锋

我们经常听到这样的表述：态度决定一切。工作态度同样如此，决定了我们的职业发展前景。那么，什么是工作态度呢？具体而言，它主要包括个人对待工作的认真程度、责任程度、努力程度等因素。一般来说，积极的工作态度对工作的知觉、判断、学习、工作的忍耐力等都能发挥积极的影响，因而能提高工作效率，取得良好的工作效果，即积极的工作态度与工作效果之间有着一致性的关系。因此，不论我们在什么工作岗位，都不能抱着得过且过的思想，而应发扬争创一流、勇当先锋的进取精神，高标准、严要求、精益求精，努力做到行业最好。

【阅读1】

望、闻、听、切，他是专治汽车“疑难杂症”的“老中医”①

作为重庆2019年“巴渝大工匠”称号获得者，55岁的张永忠在重庆长安汽车股份有限公司江北发动机工厂工作了35年。“干到这份儿上，我已经不在线上工作了，主要工作变成解决汽车的疑难杂症问题。”张永忠说。通过汽车发动机运作时发出不同的声响，张永忠能判断出可能是哪个部位出现了问题。

虽然早已不在线上工作，但他的手机会保持24小时开机。“我现在没有固定安排的工作，都很‘随便’，有问题他们会给我打电话，前提是‘疑难杂症’。”张永忠笑着说，“他们的技术没问题，只是没有足够的经验，技术难题就像是一张纸，捅破了，问题就很简单，这时候只需要我点一句，他们立马就知道解决的方法。”

听似轻描淡写的“点一句”，张永忠眼里却满是自信，这份自信源于他35年来的

① 案例来源：节选自新华网（http://www.cq.xinhuanet.com/2019-10/09/c_1125079491.htm）。

经验积累。中医看病有"望、闻、问、切"，在张永忠这儿，方法同样适用。"汽车的发动机由上千个零件组成，你要把每个零件起什么作用都要吃透，才能在具体问题中具体分析。"张永忠说，"我们面对的是用户，经常会遇到各种问题，这时候就一定要当面去看。"汽车在静止和行驶时的情况各不相同。行驶过程中是负荷动态，能看到车辆的运行状态，汽车发动机运作时，皮带发出的是"唧唧声"、金属有"叩叩声"、曲轴运转过程中有排挤的声音……通过不同的响声判断可能是哪个部位的问题。同时通过闻汽车尾气，也能做出一定的判断。

种种问题，碰上了张永忠这样爱琢磨的人都不是问题。"从工作到现在，发动机排量越做越大，系列越来越多，但我对各个机型的零件都了如指掌。现在，我的脑子里就像是一个发动机资料的储存库，你鼠标一点，我就知道这个零件该装在哪个部位。"

永远忠于职守，张永忠就像他的名字一样，干一行、爱一行、专一行。2003年他自创发动机"望、闻、听、切"经典维修法，被命名为"重庆市职工经典操作法"，并在全国汽车行业迅速推广。"我和张师傅共事20多年，这组数据能够体现他工作以来的成绩：累计为长安解决发动机的疑难杂症400多起、解决现场质量问题300多起、累计创造价值5000多万。"重庆长安汽车股份有限公司江北发动机工厂质量管理处经理余基全说。

在长安公司，一线工人属于"O类"，院校毕业的工程师属于"L类"，恰恰是懂技术、搞研发的博士、研究生们和张永忠聊天时最开心。"工程师很喜欢我给他说的话，刚到公司时，他们都很年轻，课本上的知识还没有运用到实际，实操经验沉淀少，这时候就需要有人给他们交流分享经验。"张永忠说，"去年我们长安公司来了13个博士、硕士，人力资源部将他们分配到我这儿学习，我就对着实物给他们讲。这样的讲解方式和课堂学习的感受大有不同。他们听完我说的，脑子里就像是点燃了引线，模糊的知识点噼里啪啦地炸开，说读了多年的书，灵感终于在张大师这儿爆发了。"

说到这儿时，张永忠大笑起来："他们都喜欢喊我张大师，都是学汽车的，我们的知识没有他们专业，但是我们都是'摸大'（重庆话，意即摸索）出来的，实作经验没得说。"正因为"吃透"了发动机，张永忠的技术得到了全公司乃至全行业的认可。

【点读】

张永忠并没有博士、硕士同事那样的高学历，也没有他们那样的专业知识，但是他能够给博士、硕士们当指导老师，靠的就是在日常工作中不断摸索出来的实作经验，这就是所谓“干一行、爱一行、专一行”。张永忠轻描淡写的“点一句”，眼里却是满满的自信，这些自信都源自于他一流的实作经验，源自于对发动机的构造早已成竹在胸以及对每个零部件的了如指掌。“随着时代发展，发动机的排量越做越大，系列也越来越多，但是他对各个机型的零件都了如指掌”，用他自己的话说，他的头脑就像是“一个发动机的资料库，只要你鼠标一点，他就知道这个零件该装在哪里”。这告诫我们，争创行业一流，还应努力做到与时俱进。

【阅读2】

黄金水道上的巴渝工匠[①]

1982年，16岁的李红勇走进了长江航道，成为一名爆破工，开始了他的炸礁人生。30多年来，李红勇以长江为伴，常年奋战在一个个急流险滩点，先后清除了宜宾至泸州、泸州至重庆、三峡库区涪陵至重庆、三峡大坝至葛洲坝、长江中游界牌、下游太子矶等河段内的水下暗礁。20世纪80年代，水下爆破技术十分落后，危险大、风险高，在水流湍急的险滩上，李红勇不放过任何一个学习、钻研的机会，差炮工时，他就自己加工、装药、连线，很快熟练了这些工序；钻工缺人时，他就登上钻机，下管、接卸钻具、抡二锤、爬钻架，慢慢成了一把钻工好手……

1999年12月，长江三峡工程永久船闸进入通航前下游泄水箱涵施工的关键阶段。长江三峡开发总公司发现，必须对近在咫尺且已完工的箱涵口实施水下爆破开挖。这是一项风险极大的施工任务。面对困难，李红勇站了出来，创造性地设计了水下气泡帷幕装置进行防护，采用分层爆破、延时毫秒控制爆破技术，为三峡永久船闸的按时通航，扫除了最后一道障碍。

2002年年初，李红勇率队走出国门，承建了横贯中、老、缅、泰四国的上湄公河航道改善工程。这是中国政府首次出资对跨国河流进行航道整治。在荒无人烟、滩多水急的湄公河上，这群来自川江的航道人，用他们特别能吃苦、特别能够战斗、特别讲奉献的精神，改善了澜沧江、湄公河的通航条件，促进了中国和东盟国家的经贸往来。

在重庆上游最大的高桩直立式码头——果园港开港倒计时的关键阶段，由于码头前沿港池水深不足，导致船舶无法靠泊，港池爆破点深度20米，与刚建成的高桩码头距离仅5米，难度高、风险大。李红勇仔细察看现场和施工图纸，亲自动手计算

① 案例来源：节选自新华网（http://m.xinhuanet.com/cq/2019-07/17/c_1124764259.htm）。

并编审方案，通过实施延时爆破、分层爆破、爆破监测等控制手段，安全圆满地完成了施工任务，确保了重庆果园港按时开港迎船。

李红勇和他的团队不断创新炸礁技术。从2006年开始，他围绕山区河流水下钻孔爆破，积极开展技术创新，用了6年多的时间，他创造的山区河流水下钻孔爆破施工方法获得了国家发明专利，这一成果填补了我国内河航道整治技术没有专利的空白。

九龙坡至朝天门航道整治工程（简称九朝段）和长江三峡水库变动回水区碍航礁石炸除二期工程（简称库区二期）项目位于重庆主城区，距离大桥、过江管道、滨江道路、趸船、危岩区和居民区及寺庙古建筑较近，为了减小爆破对周边建（构）筑物及危岩的影响，工作室改进控制爆破技术，提高了爆破效率，控制了爆破震动，保证了两个项目在复杂环境下得以顺利实施。

近十年来，李红勇和他的团队几乎包揽了全市港口建设工程中的港池爆破开挖工程，其中包括：东水门长江大桥、嘉陵江千厮门大桥、白沙沱长江大桥、合川涪江四桥等最艰难、最基础的桥梁基坑爆破开挖工作，为重庆的城市建设做出了巨大贡献。

【点读】

沧海横流，方显英雄本色。在困难和危险面前永不退缩，一马当先、奋勇当前，方能不断成长，逐渐成长为社会的中流砥柱。面对危险大、风险高的急流险滩爆破任务，李红勇没有退步，反而把它当成一个学习、钻研的机会。以李红勇为代表的川江航道人，发扬特别能吃苦、特别能战斗、特别讲奉献的精神，不断在行业钻研创新炸礁技术，引领行业发展，和他的团队不仅几乎包揽了全市港口建设工程中的港池爆破开挖工程，还走出了国门，承建了横贯中、老、缅、泰四国的上湄公河航道改善工程，为中国与周边国家的经贸往来都做出了巨大的贡献。

【阅读3】

巴渝"刀客"成长纪实①

在影视剧里，以刀为武器的勇士常常被称为"刀客"，他们以刀行侠仗义，行走江湖。而2018年全国五一劳动奖章获得者、重庆重齿机械有限公司的黄建军拿着另一种"武器"——"镗刀"，行走在生产线上近30年，加工出一个个合格产品。

① 案例来源：节选自重庆市总工会网站（http://www.cqgh.org/html/szyw/20190428/141062.html）。

镗刀，实则是镗削刀具的一种，它常“出没”在机械零部件里孔加工、扩孔、仿形等环节，是专门用于对镗孔进行加工的“武器”，可在镗床等上使用。1990年参加工作的黄建军，从那时起便与这把“武器”邂逅，成了一名“镗工”，在他的“江湖”里每天与镗床、镗刀，还有各式各样的零件相伴。

“镗工干的是精密活儿，哪怕只差毫厘都不行。”黄建军说，他们加工的零部件，都是动力传动齿轮箱关键零部件。所以精准度要求很高，往往要精确到0.01毫米，有时甚至更小，比一根头发丝的1/10还小。在这样的高标准下，黄建军严格要求自己，从学徒开始，他认真学习各类知识，积累丰富的经验，拿着“小本子”取经。装夹、找正、上刀、加工、再换刀、再加工……每一次在车间里他小心翼翼地把握好每个环节，心无旁骛地加工一个个机械零部件，在近30年里他加工出一个个合格产品，迪拜引水工程、多哈水电站工程、巴黎和意大利地铁项目等项目的驱动箱部件他都有参与加工。

秉承着吃苦耐劳，如今他已是镗工高级技师、重庆重齿机械有限公司机加车间副主任，负责管理公司镗床生产线，也曾获重庆市杰出人才贡献奖、重庆市技术能手、江津区首届津工精匠等荣誉。

工欲善其事必先利其器。在近30年的镗工工作里，黄建军还一路摸索，追求创新，为了打磨出一个个合格产品，他一路升级自己的“武器”。2005年，在承担一项国防科研重点项目输出轴和联轴器部套深孔加工中，由于该产品对孔的光洁度、直线度和公差控制都有非常严格限制，而原有的加工工艺和方法不能满足技术设计要求。“不行就自己动手做刀具。”那会儿黄建军主动请缨，反反复复实验，通过不断摸索，最后大胆采用了自制刀具“浮动镗孔”解决了该问题，为国防科研和国家重点项目中类似关键部件加工工艺优化提供了宝贵经验。

2010年，又一项国家重点工程的部件加工试制任务给黄建军和同事们出了难题：该零部件不仅箱体庞大，且需要加工的箱体孔既大又长，而传统镗床的单刀镗削，很难保证精准的同轴度。“我们将常规的镗杆加长，并在镗杆两端各安装一把镗刀，利用尾立柱配合主轴，对箱体两面的孔洞进行同时加工。”在黄建军和技术团队的摸索下，由他首创的“双刀镗削法”攻克该技术难关，也为同类零部件加工开辟了一条全新的道路。

秉持这样的创新精神，2016年11月，“黄建军首席技能专家工作室”授予成立，他成为首席技能专家。2017年，他和团队在“一带一路”重点装备设备盾构机关键零部件的生产制造中，四项技术创新项目获重庆市高新技术产品称号。

【点读】

每一个看似平凡的工作岗位背后，都有人在默默无闻地付出，长年累月的积累后，最终使量变转变成为质变，实现职业生涯的蜕变。从入行的第一天起，黄建军就始终用高标准严格要求自己，他秉持吃苦耐劳的精神，认真地学习各类知识，积累丰富的经验，随身携带记事本，最终从学徒工成长为高级工程师。成长的路上从来都不会一帆风顺，在困难面前迎难而上、勇当先锋是对待工作的基本态度，巴渝“刀客”在面临原有的加工工艺和方法不能满足技术设计要求面前，“刀客”没有退缩而是勇挑重担，自己设计刀具解决问题，攻克技术难关，最终开辟出一条全新的道路并成为业界标杆。

【阅读4】

平凡岗位的技术“蓝领”①

提起电器物流行业，在很多人眼中，不过是送货、拣货、搬货这类苦累活，但格力电器（重庆）有限公司（以下简称重庆格力公司）的叉车司机王兵不仅苦练叉车、升降车的拣货、送货技术，将它们发挥到极致，还打出“技术牌”，大胆创新改造设备技术，提升工作效率，每年为公司节约近百万元。2018年，王兵被评为“巴渝工匠”年度人物。

在重庆格力公司，叉车工人的工作环境并不好，成品仓库是一排很矮的铁皮房，太阳一烤，里面就跟蒸笼一样。不仅如此，工人的工作时间也不固定，常常熬夜上班。但这些都没有使王兵退缩，“我不能让这点困难把我难住，即便只是个叉车工，我也要做出一番成绩来。”王兵说，才接触叉车时，每天工作完后，别人都休息了，他还留在车上反复练习升降、起步、停车。特别是盛夏时节，叉车驾驶室没有空调，每次练习完衣服都已湿透，好像刚从水里捞出来一样。经过半年的练习，王兵的车技明显提高，一叉一个准，赶超了很多同行。

自2015年起，王兵连续4年获得重庆格力公司“质量月活动”升降叉车技能赛冠军。不仅如此，他还多次带领团队参加全国叉车职业技能比赛，并取得20多项各种荣誉。

获得如此多殊荣，王兵的叉车技术到底有多厉害？“王兵有个用叉车开啤酒瓶盖

① 案例来源：节选自腾讯新闻（https://mbd.baidu.com/newspage/data/landingsuper?context=%7B%22nid%22%3A%22news_712820119097914042%22%7D&n_type=1&p_from=4）。

的绝活儿。"王兵的同事王孝伦说，将事先准备好的啤酒固定在平台上，王兵发动叉车，眯着眼睛瞄准啤酒瓶，扳动叉车上的操作柄，调整叉齿高度精确定位在啤酒瓶盖下端，向上一抬叉齿，就能干净利落地将一瓶啤酒打开。

即使已经将开叉车的技术发挥到极致，但王兵也没有满足。他不断学习、充实，让自己从操作工人向技术工人转型。"通过学习，我掌握了叉车绝大部分的设备维修技术，还熟悉了其他物流设备的调试和维修，现在我还在对叉车设备进行技术改造，争取为公司节约经济成本。"王兵举例说，通过他改造后的叉车耐磨轴套，使用寿命比原先延长了一半，光这一项技术每年能为公司节约90万元的成本。

像这样的设备技术改造还有很多，王兵也因此获得了公司金牌员工、年度先进个人、九龙坡区"最美九龙工匠"等称号。

"工匠精神是体现在各行各业的，不分高低贵贱。我们'蓝领'也需要传承工匠精神。今后，无论是新员工上岗培训，还是叉车技术培训，我都会尽自己最大的努力，毫无保留地传授自己的经验，让技术工人快速成长起来。"王兵说。

【点读】

每一个成功的案例都是绝非偶然的。重庆被称为中国"三大火炉"之一，工作环境又是一排低矮的铁皮房，同时时间还不固定，有时需要熬夜上班，叉车工人的工作环境是可想而知的。面对这样的客观条件可能很多人都会心生退意，但是王兵并没有，他克服了所有这些不利的客观工作条件，抱着"如果要挖井，就要挖出水为止"的执着信念和争创叉车技术一流的精神，立志即便是当一名叉车工，也要做出一番成绩出来。经过不断练习，他不仅赶超了同行，取得一项又一项的荣誉，还努力专研维修技术，努力向技术工作转型，掌握了叉车绝大部分的设备维修技术，现在又在对叉车设备进行技术改造，争取为公司节约经济成本。正是在这样争创一流、勇当先锋的精神鼓舞下，王兵才从一个胜利走向另一个胜利。

【思考】

1. 通过上述阅读材料，你得到什么启发？

2. 有人认为争创一流、勇当先锋是企业技术骨干、高级工程师的事情，中职学生学历低，缺乏实践经验，因此与我们没有太大关系。你怎么看待上述观点？

【践行】

观看《大国工匠》纪录片第6集《大技贵精》，完成以下任务。

（一）结合观看感受，谈谈你对下列问题的看法。

1.惯导器件中每减少一微米（头发丝直径1/70，人类机械加工难以靠近的精度）的变形，就能够缩小火箭在太空中几公里的轨道误差。为减少变形误差，李峰是如何练就在高倍显微镜下手工精磨刀具的本绝活的？

2.为助力祖国深海事业，手指指纹磨掉了的蛟龙号钳工顾秋亮，是怎么由普通钳工磨成大国工匠“顾两丝”的？

3.为更好开山入地，2016年，世界首创的中国马蹄形盾构机成功下线，实现异形盾构装备生产的全面自主化，中国工匠站到了这个领域的世界巅峰。作为大国电工的李刚，为马蹄形盾构机的研制做出了哪些方面的卓越贡献？

（二）在历史上，科学蕴含在实用技术当中。在现代，技术与科学并称，手上有绝活的工匠都是充满科学精神的研究型人才。为促进技能人才培养，2019年，国家出台了《国家职业教育改革实施方案》，开篇提出职业教育与普通教育是不同类型的教育，拟搭建起纵向贯通、横向融通的现代职业教育体系和国家资历框架体系，实现职业教育学生与普通教育学生同等学习成果在就业、升学、参加机关事业单位招聘等方面享有同等权利，未来职业教育的前途一片光明。结合职业教育改革的时代背景，谈谈中职学生如何利用好青春时光发奋图强、积极进取，自拟题目写一篇800字左右的三年学习规划。

【拓展】

弘扬劳模精神①

在五一国际劳动节来临之际，随着新一批全国五一劳动奖章获得者和全国工人先锋号名单公布，劳动模范——这个承载着共和国特殊记忆的群体，再次成为新闻热词。

在今年（2019年，编者注）的表彰名单中，有在火箭总装一线奋战30余年的崔蕴，还有秉持“第一次就把事情做好”、平均年龄只有32岁的动车组装班；有深耕高端数控机床研发、“代表中国冲击世界一流”的女设计师盖立亚，还有执着于探索金

① 资料来源：节选自《人民日报》评论（https://baijiahao.baidu.com/s?id=1632297031060090282&wfr=spider&for=pc）。

融精准扶贫模式、见证阜平贫困发生率由54.4%下降到13.8%的“金领”李二国。他们是创业者，是实干家。在我们这个70年间从积贫积弱成长为世界第二大经济体的社会主义国家，他们最大限度地展现了劳动的荣光与价值。

今天的我们，习惯了动动手指外卖送来，语音指令机器人擦地。那么，劳动离我们已经远了吗？不是的。产业结构变化、社会分工细化，不会改变劳动是创造价值的唯一源泉。正如习近平所指出的，人世间的美好梦想，只有通过诚实劳动才能实现。在当下中国，一分钟，快递小哥收发7.6万件快递，“神威·太湖之光”超级计算机运算750亿亿次。我国经济从高速增长进入高质量发展阶段，需要更多知识型、技能型、创新型劳动者，也为劳动者、奋斗者实现人生出彩提供了广阔舞台。

一代人有一代人的使命。不同时代的劳模，给了今天的我们怎样的启迪？劳动的内涵在更新，劳模的标准在“进阶”，“爱岗敬业、争创一流，艰苦奋斗、勇于创新，淡泊名利、甘于奉献”的劳模精神始终是不变的秘诀。

学习劳模，要学习他们身上闪耀的信仰光彩。人间万事出艰辛。越是美好的未来，越需要我们付出艰苦努力。盘点这些劳模，他们身上有一个共同点，那就是穿越眼前的迷雾，相信并为美好的未来而奋斗。全国劳模、时代楷模天津电力抢修工人张黎明，无数次沿着电力线路“溜达”，闭上眼睛能说出他负责的线路沿途有多少个高压塔、多少根电线杆。没有哪代人的青春是容易的，重温他们的故事，想想这些平凡人何以把不可能变为可能，心底就“相信”，眼中便有光彩，走过风雨看到彩虹，用劳动与奋斗为中华民族伟大复兴贡献力量。

学习劳模，要学习他们实干苦干的劲头。“一勤天下无难事。”无论哪个时代的劳模，都是在某个方面有所建树的劳动者。近年来评选出的劳模，高级技工、科研精兵的比重在增加，知识型、技能型、创新型劳动者不断涌现。中国电子科技集团公司第五十四研究所钳工夏立，多次参与卫星天线预研与装配、校准任务，装配的齿轮间隙仅有0.004毫米，相当于一根头发丝的1/20粗细。具有精益求精的工匠精神，多做一点点、创新一点点，日积月累，“高原”就成了“高峰”，就能推动中国制造向中国创造转变。

“我热爱高高的塔机，喜欢它那长长的铁臂、炽热通往天路的神梯，热爱钢铁般的气息。”全国劳模、中国建筑一局塔吊工人王华曾这样吐露心声。涵养崇尚劳动的社会氛围，为保障劳动者权益创造更好的制度环境，就能激发亿万人民用劳动托举梦想的豪情，汇聚实现中华民族伟大复兴中国梦的磅礴力量。

专题三　艰苦奋斗，砥砺前行

【解读】

艰苦奋斗是中华民族的传统美德，是民族精神的重要内容，它不是某个时代所特有的。在经济社会落后的年代，我们需要发扬艰苦奋斗的精神，几千年来我们正是依靠这种艰苦奋斗的精神，中华民族才能历经沧桑而不衰，巍然屹立于世界民族之林；在革命战争年代，在中国共产党领导人民实现民族独立和人民解放的光辉历程中，艰苦奋斗精神得到了充分的体现；在中国特色社会主义现代化建设的新时期，在各行各业的劳动者身上，艰苦奋斗精神将会继续发扬光大。

【阅读1】

从焊工到大学生：王玉俊的求学之旅①

王玉俊是全国五一劳动奖章获得者、中国劳动关系学院2016级劳模本科班学生，31岁的他看起来比同龄人稳重成熟。他出生于重庆巫山一个偏远小山村，家庭非常贫困。在他13岁时，母亲就因病无钱医治而不幸离世。为了给母亲治病，家里已花光了所有的积蓄，父亲不得不常年在外打工偿还家中的债务，王玉俊从小就和爷爷奶奶相依为命。破旧的土砖房里，每逢下雨，雨水就顺着屋顶裂缝漏到家里。这些，王玉俊至今记忆犹新。

或许是生活的苦难，造就了他不服输的个性。除了照顾好爷爷奶奶妹妹，王玉俊小小年纪就去外面搬砖，挣零钱补贴家用。他说，当时搬一块砖挣一分钱，一天下来挣不了多少，但就是这点钱，他也舍不得花，都拿回家给家人买吃的。

2003年，回到重庆的王玉俊凭着在广州打工学到的焊接技艺，选择进入重庆新渝技校焊接专业学习。2006年毕业后，他以优异的成绩被招聘到重庆海尔空调公司做焊工，开启了他崭新的人生之旅。10年来，几乎每一天王玉俊都是手拿焊枪兢兢业业地工作在一线。工作磨砺出了他精湛的技术，工友们都评价他"高技艺、能克难、善革新、重分享"。如今，已过而立之年的王玉俊多次在各项大赛中摘金夺银，得到了国内外焊接专家的认可。

① 案例来源：节选自《工人日报》(2016年11月10日05版)。

王玉俊在工作上一丝不苟，是公司里的优秀代表，现在担任海尔集团空调供应链首席技师，可有一份遗憾却时常在这个年轻人的脑海中浮现。“我很羡慕大学生，很想踏入大学校园，学习更多的知识，但这一切似乎都遥不可及。”

2015年，机会来了。中华全国总工会为弘扬“大国工匠”精神，在中国劳动关系学院招收一期劳模本科班，经重庆江北区总工会推荐，在海尔公司领导的支持下，王玉俊顺利被中国劳动关系学院2016级劳模本科班社会工作专业录取。拿到录取通知书时，他激动不已地说：“我的愿望真的要实现了，我真的要去上大学了！”

努力的人从来不会被辜负，这个有志青年终于实现了自己的大学梦。2016年3月，王玉俊带上1000元钱和自己沉甸甸的梦想，终于踏上了前往北京求学的列车，成为重庆市唯一一名中国劳动关系学院2016级劳模本科班的学生。

王玉俊在学校省吃俭用。“我每个月的生活费是500元，一顿饭一荤一素一共6元，早餐花3元就够吃了，有多余的钱就汇给妻子。”每当寒暑假，王玉俊就住回海尔公司附近的出租屋里，方便继续工作，在自己的劳模工作室继续练技术、带学徒。

从重庆到北京，从焊工到大学生，尽管时间在流逝，地点在改变，身份在转换，但这个年轻人一步一个脚印的生活态度、追求梦想的信念、乐于为家庭和社会奉献的心，一直都不曾变过。

【点读】

“青春因磨砺而出彩，人生因奋斗而升华。”“新时代是奋斗者的时代。”“天上不会掉馅饼。”“幸福是奋斗出来的。”习近平关于奋斗的寄语，一直激励着追梦路上的广大青年。王玉俊虽然出身贫寒，但是生活的困难并没有压倒他，反而激发了他对生活的斗志，造就了他不服输的性格，练就了他与命运抗争的本领。通过艰苦奋斗，他从一个打工仔成长为海尔集团空调供应链的首席技师，并多次在各项大赛中摘金夺银，得到了国内外焊接专家的认可。然而他并未安于现状，而是克服重重困难终于实现了自己梦寐以求的大学梦想，相信他的明天会更加精彩纷呈！

【阅读2】

新时代的“状元技工”①

许启金，男，汉族，1963年6月出生，中共党员，高中学历，国网安徽省电力有限公司宿州供电公司输电运检室带电作业班副班长，安徽省总工会副主席（兼职），

① 案例来源：节选自中安在线（http://ah.anhuinews.com/system/2019/07/22/008190989.shtml）。

十九大代表。37年始终坚守一线，高质量完成1000多项高压带电作业，用行动践行了党旗下“要成为王进喜那样的工人，当一名好电工，让乡亲们用上光明电、过上好日子”的庄严承诺。他凭借着“干一行爱一行、钻一行精一行”的热忱，用日复一日的野外巡线、登高作业、带电检修的长期实践，换来了59项研发成果，43项专利，研制的“软梯作业防高坠自锁器”填补了国内软梯作业人身高空保护的技术空白。从一名高压线带电检修工人变身成为新时代的“状元技工”，创造了“高中生执教大学”的传奇，也成为无数青年人的偶像，先后两次受到习近平亲切接见。2016年4月26日，许启金参加习近平主持召开的全国知识分子、青年代表和劳动模范代表座谈会，作为全国劳模代表发言。在了解到许启金30多年如一日坚守一线岗位并带领团队开展基础创新时，习近平称赞他身上有钉钉子精神，是电网方面状元级的技术工人。许启金曾荣获全国劳动模范、全国道德模范、中国好人、全国技术能手、中央企业优秀共产党员等称号。

用电关乎千家万户的正常生活。线路工需要长期在野外工作，带电作业既辛苦又危险，如果怕吃苦，出现供电问题，千家万户就要断电。许启金始终坚守一线，路再远、再难走，他都要巡视到位，绝不留下一个死角。由他组织完成的带电作业任务，没有发生一起安全事故，37年高质量完成1000多项高压带电作业，实现了零差错。2018年8月中旬，台风“温比亚”肆虐江淮大地，宿州地区遭遇百年不遇特大暴雨袭击，输电线路不同程度受灾。面对灾情，许启金带领工友们向全市老百姓做出“电未至，我不眠”的承诺，雨刚停就夜里出巡，趟过齐腰深的积水，钻进果园施工，连续奋战直到将故障线路抢修完毕恢复送电。

电力检修经常要爬高爬低，随着电力系统的不断升级，新式杆塔越建越高，如何便捷做好维护，让线路可以更稳定地运行。许启金把这个难题当课题，用创新去攻关。作为只有高中学历的线路工，为了补上高压输电线路专业知识，许启金摸索出自己的高效学习方式，把线路知识写在小纸条上，外出巡线时抽空就拿出来看看、背背。就这样坚持了近20年，记忆了上万张“小纸条”。正是这上万张小纸条，垒起了许启金电力专业知识的高度，夯实了搞创新的基础。没有现成模具，他就自己动手一点点地打磨；材料是否合适，他一次又一次的尝试、检验。一路走来，他和团队共推出了创新成果59项，获得专利43个。

许启金说：“如果我没有能力做大事，那么就怀着大爱做小事，扎根在一线，苦练技术技能，像钉钉子一样把小事做得圆满、做到极致，让乡亲们都用上可靠的光明电，这也是一种成功。”

【点读】

全国劳动模范、全国道德模范、中国好人、全国技术能手、中央企业优秀共产党员等所有这些荣誉的取得都是许启金在工作岗位上通过艰苦奋斗得来的。虽然野外的线路巡查辛苦又危险，但是仅有高中学历的许启金为了弥补专业知识不足，克服了种种不利的客观条件，坚持20多年，通过上万张的线路知识小纸条，垒起了电力专业知识的高度，夯实了搞创新的理论基础。随着时代的发展，客观条件在不断改善，奋斗的形式也发生了深刻的变化，但是艰苦奋斗的精神内涵始终没变，奋斗者的精神风貌始终如一。

【阅读3】

哪有什么开挂的人生，奋斗是唯一的答案①

“咚咚咚，我叫柴闪闪，闪闪发光的闪。”有个快递小哥在叩门，不过这一次，他叩开的是人民大会堂的门。

15年前，柴闪闪中专毕业后只身从湖北老家到上海打拼，干起扛包裹的转运员，团队一天装卸包裹3000多袋。10年前，柴闪闪抓住机遇学习，逐渐从一名普通农民工成长为青年业务骨干，他熟记全国2600多个地名，每天1万多袋邮件经他之手，快速准确地“奔赴”全国各地。1年前，他当选全国人大代表，深入基层走访调研，广泛倾听各个层面普通劳动者的真实心声，把人民的嘱托和期盼带到北京，带到中央……

作为家里的老大，懂事的柴闪闪不忍看到父母为难，为了照顾家中在读小学的两个妹妹，2004年，中专毕业后的他，毅然只身一人踏上了外出打工的路，他落脚的第一站选择了上海，没想到这一待就是15年。

刚开始柴闪闪应聘到邮政快递行业，担任一名扛包裹的邮件转运员，那时候，邮政快递行业几乎都是全人工操作，特别是书，几乎是所有包裹里最重的，大家一天3000多袋扛下来，整个人都趴下了。“记得有一年冬天，我站在站台上装卸邮件，冻得浑身发抖，第二天咬了咬牙，给自己买了一件冲锋衣，花了55元，太贵了！”

到了2009年，公司内一些管理岗位开始向更多人群开放，户籍、学历等不再是硬杠杠的门槛，像柴闪闪这样的外地户籍农民工，不仅有了工作的屋檐，也开始有了和大家一样平等的工作机会、工作报酬。“我开始期望更上一层楼，不再局限于接

① 案例来源：节选自《新民周刊》(https://baijiahao.baidu.com/s?id=1627133614224358562&wfr=spider&for=pc)。

发员。”2011年，上海市邮政分公司要举行业务练兵大赛，公司员工都可以报名参加，柴闪闪也报名了，为了熟记全国2600多个地名、快速画出全国铁路干线图、背熟厚达5厘米的理论知识材料，他开始了4个多月的强化学习，每天早晚背诵理论知识，自制学习卡片，上班空闲时间反复读写，休息日到单位练习。“我用打印机把地名表打印下来，这些地方我都没去过，但我在分拣中心的那一平方米记住了全国所有的地名，并能在地图上标出位置。”就这样，柴闪闪在比赛中发挥出色，获得了多个单项第一的好成绩。

柴闪闪说：“我中专毕业，很多东西只能靠自己找规律记，到现在，我还依然记得，内蒙古的旗比较多，可以把带颜色的归在一起；东北的山多，所以密山是牡丹江的；北京的风多，所以密云是北京的。”

“这份地名表单陪伴了我将近十年，现在早已经磨破了，但还放在我的工位上，每到空闲的时候，我还是会去看几眼。哪怕现在有了手持的终端，也不能把基本功给忘记了。它的存在告诉我，我不需要羡慕任何人。”

在邮政转运岗位上，柴闪闪用他对工作的满腔热忱、对业务的精益求精，将平凡的工作做出了“不平凡”，也先后获得上海邮政公司先进生产（工作）者、上海市优秀青年突击队员、上海市先进农民工等荣誉称号。

无论是个人，还是一个行业，在时代的洪流之中，都需要不断学习和进步，柴闪闪这个时代标杆，让我们更加明白，哪有什么“开挂”的人生，奋斗是唯一的答案，未来还有无限可能等待被我们挖掘和创造。

【点读】

可以想象，从一名贫寒家庭出身的只有中专学历的快递员，成长为全国人大代表，柴闪闪的人生经历了怎样艰苦卓绝的奋斗。干包裹转运员的时候，团队每天装卸3000多件包裹他坚持做下来了；靠熟记全国2600多个地名、快速画出全国的铁路干线图、背熟厚达5厘米的理论知识材料，他从普通农民工成长为青年业务骨干。在普通的邮政运转工作岗位上，他取得了一个又一个荣誉。一步步走来，柴闪闪用奋斗的汗水为自己的人生交上了一份满意的答卷，靠着艰苦奋斗的精神成就了“开挂”的人生。

【思考】

1.上述阅读材料有什么共同点？你能从中得到什么启发？

2.有人认为，艰苦奋斗精神是老一辈人留下来的革命传统，现在时代进步已经不需要我们发扬艰苦奋斗精神了。对此，你是怎么看的？

3.作为中职学生，我们应该怎么样发扬艰苦奋斗的精神？

【实践】

“奋进新时代”征文演讲比赛活动设计

一、活动目的

为了培养中职学生奋斗精神，激发广大青少年珍惜青春时光刻苦学习，努力成长成才的自觉性、积极性，促进中职学生积极进取、全面发展，进一步增强开拓进取精神，展示当代中职学生良好的精神风貌。

二、活动流程

1. 班级组织初赛。

2. 择优推荐参加学校决赛。

三、作品要求

观点新颖，主题鲜明，有较强的时代性、创造性和欣赏价值，有一定的理论高度，能反映当代中职学生奋发有为、积极向上的精神风貌和艰苦奋斗的价值取向。提倡脱稿演讲，演讲过程中要求选手姿态语言自然、演讲技巧娴熟，具有较强的感染力（演讲过程可播放配乐），演讲时间控制在5分钟以内，演讲稿和征文可以合并使用。

四、具体评分细则

1. 衣着整洁，自然大方1分。

2. 演讲感染力强、扣人心弦2分。

3. 脱稿演讲3分，半脱稿演讲2分，不脱稿演讲1分。

4. 姿态语言自然得体，演讲过程落落大方1分。

5. 普通话使用规范，语速、语调适当2分。

6. 演讲对观众的吸引力强1分。

【拓展】

评论员观察：幸福都是奋斗出来的[①]

在追求美好生活的征途上，政策托底不能代替个人奋斗，既要有政策托底，更要在此基础上用奋斗创造美好生活

美好生活不是免费午餐，不是天上掉馅饼，更不是一夜暴富、不劳而获，只有埋头苦干、真抓实干才能梦想成真

当前，脱贫攻坚进入决战决胜阶段，如何处理好扶贫与扶志、输血与造血的关系，是摆在广大干部群众眼前的考题。习近平在重庆石柱考察时对老乡说：幸福是奋斗出来的，脱贫致富不能等靠要，既然党的政策好，就要努力向前跑。从脱贫致富到改善民生，这都是重要的方法论：政策托底和个人奋斗，一个都不能少。

党的十八大以来，每一项民生工程，都在提升群众获得感的同时，为拼搏奋斗创造着条件。实现比较充分就业，让劳动者各尽其能；根治拖薪欠薪痼疾，免除农民工后顾之忧；完善职业教育和培训体系，为青年提供多样化的成才路径……学有所教、劳有所得、病有所医、住有所居等方方面面的实际成效，既体现出发展成果惠及人民群众，又通过获得感提振了干事创业的精气神。作为发展的受益者与参与者，千千万万“甘洒热血写春秋”的奋斗身影，是中国逐梦前行最深沉的力量。

从吃饱穿暖到吃得好穿得好，再到更美好的生活，我国不断在改善民生的道路上求取“更优解”。但保障民生，是维护社会底线公平的制度安排。换句话说，在追求美好生活的征途上，政策托底不能代替个人奋斗。无论是个人前途，还是经济发展，都需要投入聪明才智，都需要付出真诚劳动，如此才能把蛋糕越做越大。正如习近平强调的，“世界上没有坐享其成的好事，要幸福就要奋斗”。说到底，增进民生福祉既要有政策托底，更要在此基础上激发亿万人民用奋斗创造美好生活的积极性。

美好生活不是免费午餐，不是守株待兔，更不是一夜暴富、不劳而获，只有埋头苦干、真抓实干才能梦想成真。奋斗是实现幸福的必由之路。“一心只为老乡亲”，带领十八洞村村民寻找致富法子的“玛汝队长”石登高；每天待在实验室，研制的电容电池达到国际先进水平的蒋虎南；熟记2600多个地名，不允许一个快递发错的邮件接发员柴闪闪……这些2019年全国五一劳动奖章的获得者，用智慧与汗水攻克人生难关，创造美丽生活。在他们口中，“感恩”“奋斗”是两个常被提起的关

① 资料来源：节选自人民网(http://opinion.people.com.cn/n1/2019/0603/c1003-31116008.html)。

键词。身处伟大的时代，受益于社会的馈赠，个人就如同站在巨人的肩膀上，当个人奋斗与国家发展同频共振，个人就能不断抵达新的人生高度。

弘扬奋斗精神，不仅需要个人的进取，更需要国家以制度搭建干事创业的良好平台。一方面，要更好发挥政策托底的保基本、守底线作用，为奋斗者、劳动者斩断后顾之忧，让他们能够在追梦征程轻松上阵；另一方面，要加快构建以权利公平、机会公平、规则公平为主要内容的社会公平保障体系，给奋斗者、劳动者更多施展才华的机会。近年来，从大病医疗全覆盖，到养老金“十五连涨”，从深入推进简政放权，到不断优化营商环境，社会保障网越织越密、社会发展环境越来越公平，正是要为奋斗者创造更好的条件，让他们有机会、有条件去实现人生出彩。

立足新时代，在政策托底的基础上，我们应心无旁骛地用双手创造美好生活。在这个人人皆可出彩的大舞台上，以奋斗为基调，每个人都能唱响圆梦之歌。

专题四　勇于创新，大胆实践

【解读】

党的十八大以来，习近平高度重视创新驱动发展，在不同场合发表重要讲话，强调创新始终是推动一个国家、一个民族向前发展的重要力量，是引领发展的第一动力，必须把创新摆在国家发展全局的核心位置。关于创新，习近平是这么说的。“谁牵住了科技创新这个牛鼻子，谁走好了科技创新这步先手棋，谁就能占领先机、赢得优势。”“抓创新就是抓发展，谋创新就是谋未来。不创新就要落后，创新慢了也要落后。”“综合国力竞争说到底是创新的竞争。要深入实施创新驱动发展战略，推动科技创新、产业创新、企业创新、市场创新、产品创新、业态创新、管理创新等，加快形成以创新为主要引领和支撑的经济体系和发展模式。”

【阅读1】

习主席亲自检阅过我们的“山猫”①

“这台就是朱日和阅兵时，习主席亲自检阅过的车，‘山猫’全地形8×8车。”看

① 案例来源：节选自《人民日报》（海外版）（http://m.haiwainet.cn/middle/3543228/2017/1115/content_31178234_1.html）。

似杂乱无章的车间，却是张德勇的“游乐场”，信步其间，他的眼睛都放着光。“它可以在山地、荒漠、积水等各种地形发挥作用，水陆两用，还可以实现跨越1米多的壕沟、爬坡和原地转向等高难度操作。”

十年磨一剑，这款被军事迷誉为“亚洲最强”的军用全地形轮式车辆就摆在车间入口的不远处，仿佛一个勋章，昭示着张德勇这个团队的优秀。“我们是个技术密集型车间，一半以上都是高级技师。”言谈中可以感受到，张德勇身为一个钳工的自豪感和幸福感。他在工作中享受着机械铿锵的声音、设备打磨成型的过程、和工友一起攻关的默契，以及被激发出来的创造力。而这些也得到了他应有的馈赠：2006年9月，张德勇被国家劳动和保障部授予“全国技术能手”荣誉称号；2007年5月获得首届“中国优秀青年技师” 称号；2011年3月被国务院授予政府特殊津贴；2014年人力资源和社会保障部授予“张德勇国家技能大师工作室”；2017年，荣获十大“巴渝工匠”称号……

国内的技术空白，他填补过。1997年，成立了以张德勇牵头的技术攻关小组，研究摩托车连杆大孔精镗专用机的制造。仅用了短短3个月的时间，便完成了嘉陵工业第一台摩托车连杆大孔精镗专用机的制造，填补了我国在摩托车连杆大孔精镗加工专用机方面的技术空白，与日本进口同类机型相比，节约价值200多万元。

别人不敢碰的高危项目，他主动挑起大梁。2005年，中核集团一个检测核反应堆里核燃料组件的高精密检测专用设备改造项目颇为棘手。该项目不仅对设备机械部分的基本技术要求很高，机头的重复定位精度达到0.005毫米，而且还有很高的危险性，若产生误检或错检，后果不堪设想。张德勇主动承接了这项改造任务。通过查找大量资料，认真分析技术要点，仅用了半个月，就独立完成了500余个零部件的安装。最终，各项技术指标甚至超过德国设备技术验收标准。

参与077项目海外援建项目，他为嘉陵工业创汇100万美元。2006年，嘉陵工业援建某国军工厂A、B、C三个弹种共6个型号的生产线。在这个项目中，张德勇承接的是该项目250多台（套）中最关键、难度系数最大的设备。凸轮定位是该设备一个最大的难点，每个动作之间甚至0.5秒的误差都有可能导致停机或意外伤亡。在国外工作的半年多时间里，张德勇解决了成百上千个的生产设备问题，也付出了1万多个工时的定额，相当于一年做了三年的工作。

钳工车间不是流水线，钳工技师不是“搬运工”，他们更多的工作是创造和创新。在嘉陵工业的新品研制项目中，张德勇牵头保质、保量、保进度地完成了X11雪橇车和全地域两栖侦察车X05的各种工装和整车的试制任务。特别是“砺剑2013”全军军事演习中，张德勇圆满完成了X05武器上装和演习技术保障任务，获得全军的高度评价和表扬。

他带领的设备班组连续四次被集团公司授予“五星级班组”称号，并获得了“重庆市十佳技能提升班组”称号。2015年张德勇工作室在他的带领下，先后完成了公司的X07、X15等试制任务，被公司授予2015年度突出贡献奖。

【点读】

钳工车间不是流水线，钳工技师不是“搬运工”，他们更多的工作是创造和创新。钳工如此，其他技术工种同样如此。面对技术革新带来的层出不穷的新问题，如果还是以老旧的传统思维和方法去面对，很多问题就没有答案。作为新时代的技术技能人才，我们不仅需要有精湛的技艺，还需要与时俱进的态度和创新创造的精神，以研究者的姿态面对新的问题，用创新的思维和方法去解决问题。因为科学和技术本身就是一对孪生兄弟，技术不会脱离科学单独存在，科学本身最终也是落实在技术层面实施。

【阅读2】

创新的路上，需要坚守与极致的“工匠精神”①

提起贺立德、覃晓梅或许你会感到陌生，但说起他们参与制作的作品，可以说是家喻户晓。从2003年开始投身文化行业至今，贺立德和覃晓梅担任过大型山水实景演出《印象·刘三姐》，少林寺《禅宗少林 音乐大典》，澳门金沙《西游记》，红色实景演出《井冈山》等的品牌总策划和总运营。

贺立德介绍道，从《印象·刘三姐》开始，中国的实景演出开始如雨后春笋般在各个景区出现。实景演出固然可以起到吸引游客的目的，也给游客带来了一定的新鲜感，但各个景区的实景演出却出现了同质化严重的状况。

“我们不愿意炒冷饭。既然要做，就要做个全新的、完全不同的项目。从2008年开始有的想法，到形成创意，再到今天完整呈现出来，应该说是有长达十年的时间，可谓十年磨一剑。”贺立德说。

覃晓梅说，2008年奥运会结束后，当时北京市有关部门的人去桂林去考察《印象·刘三姐》项目，希望引进到北京。而《印象·刘三姐》演员就需要800多人，人力成本太高。当时就想，如果利用超大显示屏，将恐龙搬上屏幕，那么人力成本就会大大减少，这一想法就悄然萌生了。

① 案例来源：节选自新华网（http://www.xinhuanet.com/ent/2018-11/21/c_1123746661.htm）。

从2008年产生想法以来，十年间，夫妇二人看到哪里有好的题材、哪里有好的表现方式，都会跑去看。比如说，他们曾经去夏威夷看火山喷发以后的火山口，去黄石公园看喷泉。把这些"经验"应用到《远去的恐龙》演出中的一些场景里，当陨石砸向地球、火山喷发或者沙尘暴刮来的时候，现场观众就都觉得很震撼。

"创新需要十年磨一剑的坚持，从萌生想法到立项，再到成功演出。中间经历了很多困难。我们说一定坚持，甚至在投资方灰心的时候，我们宁愿自己出钱给员工发工。这十年，如果不坚持做《远去的恐龙》，我们按照之前的模式，也能做出很多产品，但就不会有现在这样创新的成功了。"贺立德说。

专业的人做专业的事，在高科技产业，专业显得格外重要。技术出身的贺立德，为了将《远去的恐龙》做到极致，组织了由国内外近百位艺术家、工程师、技师工匠参与的制作团队。总导演大卫·艾伯纳是多次获奥斯卡提名的好莱坞视觉特效的美国导演，为美国环球影城设计了动感电影《哈利·波特的魔法世界》。著名舞蹈家黄豆豆、著名作曲家瞿小松加盟其中，而担任过北京奥运会、南京青运会的开闭幕式和多届央视春晚舞美设计的姜涛担任了舞美制作总监。

机器人恐龙总设计师Vaios Panagiotou（希腊）带领欧洲和中国团队在中国南通研制成功世界第一群高科技巨型仿真机器人恐龙演员。

LED巨屏制作总监袁波，在10多家世界著名LED巨屏生产厂家的竞标中脱颖而出。然而制作、播放如此巨大的视频画面又是一个更大的世界难题，视频总设计付彦彬带领上百名国内外设计师日夜奋战一年多终于完成了相当于30幅中国电影巨幕拼接成的12K超级高清视频。包括灯光、音响、音效、总控系统等高手云集的团队历经两年多的研发、制作终于把世界级难题一一攻克。

"所有的这一切，我们都是按工匠精神来做，我们这个团队的工程师，有些还是高级工程师，拿的工资都很一般。但我们既然做，就要把事情做到极致。"覃晓梅说。

【点读】

每一个行当都有因为将坚守和工匠精神发挥到极致的行业翘楚。在同质化竞争日益白热化的市场经济环境下，如果继续抱着炒别人冷饭的思想，产品没有创新，那么很快就会被淘汰出局，因此为了生存和争取更好的发展空间，创新就成了必然的选择。然而，在创新的道路上，如果没有坚守和持之以恒地付出，在困难和问题面前就会举步维艰，就很难在这个领域有所建树；没有精益求精的态度，缺乏要做就要做到最好、做到极致的工匠精神，也很难取得成功。贺立德、覃晓梅正是将自己富有创意的想法，通过十年磨一剑的坚持，最终使自己的作品家喻户晓。

【阅读3】

木竹产业加工领域科技创新的先行者①

刘传清，重庆星星套装门（集团）公司高级工程师、党委书记，享受国务院特殊津贴专家。1969年，刘传清从教育战线调入开县（今重庆市开州区）温泉磨面社担任厂长；2000年，企业更名为重庆市开县星星建材有限责任公司，刘传清任董事长；2003年，企业更名为重庆星星套装门有限责任公司，刘传清担任公司党总支书记；2007年，企业再次更名为重庆星星套装门（集团）有限责任公司，刘传清出任公司党委书记。他还曾被选举为重庆市第二届人大代表。

刘传清一直致力于竹木加工技术研发。1969年以来，在长达半个世纪的历史长河中，一直专注于竹木加工技术与竹木建材产品的开发。50年来，他带领公司科技人员，以盘大作强竹木产业和兴企报国富民为己任，20世纪70年代开发了以竹木为原料的竹扇、竹筷、竹帘生活用品和木锄把、木手锤把等农业生产资料用品；20世纪80年代初，他带领公司科技人员先后在全国率先开发了野生杂竹碎料板、一次成型空心板、竹材装饰套装门、竹木复合门、竹木复合整体橱柜与柜门、竹木复合护墙板、竹材装饰板等新产品及其与之相适应的竹木加工生产线和成套设备。其中，竹材装饰套装门、竹木复合装饰套装门被批准为中华人民共和国生态原产地保护产品。

在竹木边角余料、枝丫材、锯木面、砂光粉等剩余物的综合利用方面，开发了竹塑、木塑装饰线条新产品，取代了传统的PVC线条产品；21世纪以来，还在桑枝条的综合利用方面进行了技术研发，开发了以桑枝为原料的装饰套装门，获得了5项专利技术，实现物尽其用，变废为宝。进入21世纪，星星集团开发星星套装门获得成功，2004年产值突破亿元大关，2005年产值突破2个亿，2006年产值突破3个亿，2007年突破4个亿，发展到2014年产值突破8个亿。创新驱动发展取得了丰硕的成果。

刘传清带领公司科技团队先后承担完成了国家发改委产业结构调整国债重点项目计划的“利用竹塑砂光粉开发新型装饰材”项目、国家科技部科技支持移民专项计划的“三峡竹材产业化开发”项目、重庆市星火产业带专项计划的“三峡竹材综合利用及产业化科技示范基地建设”项目等。主持了竹碎料加工、竹碎料分选、竹碎料干燥、竹碎料连续施蜡、竹模压门皮自动化生产、自动化生产模压门皮模具应用于竹材套装门生产等17项竹材加工综合技术研发。该项目解决了国内生产碎料坯

① 案例来源：节选自中国木门网（https://www.cnwood.cn/news/show-14381.html）。

板、预压压制薄形板坯的技术难题，填补了国内空白，成果达到国际领先水平，取得了“五个国内首创”技术成果：即野生杂竹碎料板生产技术、一次成型碎料及纤维空心板生产技术、竹材套装门系列新产品生产技术、竹塑砂光粉废弃物再利用技术以及竹木刨花碎料模压立体凹凸花纹板材的新工艺及其设备组合等核心技术，获重庆市科技进步一等奖。取得国家专利300多项，其中发明专利8项、实用新型专利近100项，形成了独特的木竹加工核心技术体系。

在刘传清及其重庆星星套装门（集团）有限责任公司领导团队的共同努力下，把不断创新取得的专利技术和科技成果转化为工业生产力，把一个乡镇街道的磨面社发展壮大成了国家农业产业化重点龙头企业、国家林业产业重点龙头企业、中国木门行业特级企业、中国套装门发源企业、中国木门行业资源综合利用先进企业、全国竹材产业开发示范基地、重庆市知识产权优势企业。

【点读】

在开州，我们随处可见星星套装门的宣传广告，但是很多人并不知道它其实就是开州土生土长的企业。进入21世纪后，随着科技不断地创新，星星套装门竹木加工的技术越来越先进，在竹木边角余料、枝丫材、锯木面、砂光粉等剩余物的综合利用方面，开发了竹塑、木塑装饰线条新产品，取代了传统的PVC线条产品；还在桑枝条的综合利用方面进行了技术研发，开发了以桑枝为原料的装饰套装门，获得了5项专利技术，实现物尽其用，变废为宝。这使得企业的年产值年年翻番，取得了巨大的成功，技术创新的重要性由此可见一斑。

【阅读4】

首席技师刘太钟，发扬工匠精神做新时代技术工人①

在重庆秋田齿轮有限责任公司技术部，刘太钟显得有些不同。和大多数同事拥有高学历不一样，刘太钟起初只是个中专生。“都说一个中专生很难在技术部门‘出头’，但我偏不信。”今年38岁的刘太钟，用18年不懈奋斗，从一个普通操作工蜕变为公司技术科科长，也用实际行动诠释了何谓“匠人匠心”。

① 案例来源：节选自《重庆日报》(2018年04月08日)(https://www.cqrb.cn/html/cqrb/2018-04/08/003/content_198658.htm)。

不甘平庸 自学成才

2000年，刘太钟中专毕业，进入秋田公司成了一名车工。或许是骨子里那股冲劲，他并不甘于当一名操作工，而是希望实现最初的梦想——成为一名工程师。

此后，刘太钟走上了自学之路：白天在厂里工作，晚上回家加量做题；任务多的时候，他就减少休息，挤时间自学，甚至连出差也随身带本专业书。终于，刘太钟通过自考获得了本科学历，但这并不是他梦想的终点，他的奋斗之路远远还没结束。

在秋田公司工作的18年里，他从操作工人干起，先后担任过技术主管、项目主管、技术科长。虽然职务在不断变化，但是一颗踏实好学的心却从来没有改变过。在不同的阶段，他都为自己设定了不同的目标，一步一步去实现。2013年，以他名字命名的“刘太钟首席技师工作室”被评为重庆市第二批企业首席技师工作室。在他的带领下，工作室不断攻坚克难，攻克了公司重点开发产品在业务实践中急需的关键技术，在新工艺的开发与应用、锻造等方面做出巨大贡献。

立足岗位 勇于创新

作为一名党员和公司的技术骨干，刘太钟深知学以致用的重要性。这些年来，他紧紧围绕生产过程中的重点、难点、关键点开展技术攻关、革新和技术成果的转化。

在刘太钟众多技术攻关中，至今仍被津津乐道的是他优化悬挂式镦粗聚料模具结构的事。“悬挂式镦粗聚料模具主要用于汽车和摩托车轴杆镦粗成型，是一个非常重要的模具。”刘太钟说，当时该模具存在一定缺陷，导致加工效率低、生产周期长等问题。为了改变这一现状，刘太钟和同事在工作室整整“泡了”一年多，在经历了无数次实验、测算后，终于成功优化了该模具。仅此一项，就为公司年节约200多万元，原材料消耗节约20%。

为了给公司培养更多优秀技术工人，刘太钟以创新工作室为依托，想方设法为职工的“金点子”提供实践机会，并亲自参与教学互动。“活到老，学到老。”刘太钟常常这样告诫自己，“作为一名技术工人，要珍惜企业提供的平台，发挥好工匠精神，将个人所学所长与工作实际相结合，带领团队为公司提质增效添砖加瓦。”

【点读】

18年的不懈奋斗，刘太钟从一个普通操作工蜕变为公司技术科科长，也用实际行动诠释了何谓"匠人匠心"，也用奋斗和创新精神给自己的人生"开挂"。不甘心平庸，不满足于现状的刘太钟通过自学考取本科学历，不断给自己充电，增强前进的动力。同时立足自己的工作岗位勇于创新，紧紧围绕生产中的重点、难点、关键点开展技术攻关、革新和技术成果的转化，通过一年多的努力，经历了无数次的实验、测算后成功优化了悬挂式镦粗聚料模具结构，为公司带来巨大经济效益的同时还节约了原材料的消耗。刘太钟用事实证明，基于实践基础上的创新在给企业带来实实在在的经济效益的同时，也能够实现自我的人生价值。

【思考】

1. 创新不能凭空想象，而是需要一定的现实基础，通过在具体的实践中一步一步探索来实现。上述4个阅读材料中，故事主人翁是基于怎么样的现实条件实现技术创新的？

2. 勇于创新还需要大胆实践。你怎么理解"大胆"的含义？

3. 作为中职学生，谈谈现阶段的我们应如何培养创新精神和意识。

【实践】

中职科技创新大赛活动方案

一、活动目的

1. 丰富校园文化生活，发挥学生专业特长，弘扬科学精神，提高科学文化素养。

2. 充分挖掘学生内在潜力，培养学生创新精神和实践能力，展示学生特长，促进学生全面发展。

二、活动主题

弘扬创新精神，展现职教风采

三、参加对象

全校师生及实训课教师

四、活动内容及作品要求

（一）专业小发明

学生根据所学专业知识和技能，对那些在日常实训中使用不方便、不称心的东西加以改进和创新，利用专业知识创作一些小的作品。

参赛作品要求：

新颖。作品是前所未有的或前所未知的，不是仿制或重述已有的东西。作品是原创的或在原有作品上有较大的创新改进的实物。

科学。小发明的构思、设计、制作和成果符合科学原理，使用无损于健康和道德；充分体现科技含量；材料上更节省，性能上更优越，使用上更方便，副作用更少；有的作品虽然没有同类物品可比较，但可以从技术原理体现出更简单、更美观、更省料、更方便使用；充分利用新方法、新技术创作作品。

小巧实用。小发明是立足专业学习的小制作、小发明，不是高深的、尖端的难以办到的科技发明项目。作品要小巧、简易、应用方便，尽可能接近专业学习、生产实践，能够解决学习、生活中的实际问题。

科技小制作：

应用专业所学，把身边触手可及的材料、物品、废品或新材料加工制作成有新价值的科技小制作。

参赛作品要求：

体现科学和创意。作品在设计上应尽量结合所学专业，符合科学原理，制作要体现科技含量，充分利用新技术和新方法，体现作者想象力和创造性。

艺术性强。作品在选题、设计、制作、美工上尽可能追求美感，有一定的艺术价值。

五、活动组织

学校生产实习处成立创新大赛活动领导小组，统一组织协调科技创新大赛的各项工作；以专业部为单位，评选出一、二、三等奖。

【拓展】

习近平十大金句告诉你科技创新的重要性①

国家科学技术奖励大会于2019年1月8日上午在北京隆重举行。习近平出席会议活动并为获奖代表颁奖。习近平一直把创新摆在国家发展全局的核心位置，高度重视科技创新，提出了一系列新思想、新论断、新要求。《中国习观》为您梳理了习近平关于科技创新的十大金句。

① 资料来源：节选自中国习观（http://www.china.com.cn/guoqing/xijinping/2019-01/08/content_74352555.htm）。

人工智能是引领这一轮科技革命和产业变革的战略性技术，具有溢出带动性很强的“头雁”效应。加快发展新一代人工智能是我们赢得全球科技竞争主动权的重要战略抓手，是推动我国科技跨越发展、产业优化升级、生产力整体跃升的重要战略资源。

——2018年10月31日，在中共中央政治局就人工智能发展现状和趋势举行的第九次集体学习时的讲话

关键核心技术是国之重器，对推动我国经济高质量发展、保障国家安全都具有十分重要的意义，必须切实提高我国关键核心技术创新能力，把科技发展主动权牢牢掌握在自己手里，为我国发展提供有力科技保障。

——2018年7月13日，在中央财经委员会第二次会议上的讲话

创新发展、新旧动能转换，是我们能否过坎的关键。要坚持把发展基点放在创新上，发挥我国社会主义制度能够集中力量办大事的制度优势，大力培育创新优势企业，塑造更多依靠创新驱动、更多发挥先发优势的引领型发展。

——2018年6月14日，在济南考察浪潮集团高端容错计算机生产基地时指出

中国要强盛、要复兴，就一定要大力发展科学技术，努力成为世界主要科学中心和创新高地。我们比历史上任何时期都更接近中华民族伟大复兴的目标，我们比历史上任何时期都更需要建设世界科技强国！

——2018年5月28日，在中国科学院第十九次院士大会、中国工程院第十四次院士大会上的讲话

形势逼人，挑战逼人，使命逼人。我国广大科技工作者要把握大势、抢占先机，直面问题、迎难而上，瞄准世界科技前沿，引领科技发展方向，肩负起历史赋予的重任，勇做新时代科技创新的排头兵。

——2018年5月28日，在中国科学院第十九次院士大会、中国工程院第十四次院士大会上的讲话

要瞄准世界科技前沿，强化基础研究，实现前瞻性基础研究、引领性原创成果重大突破。加强应用基础研究，拓展实施国家重大科技项目，突出关键共性技术、前沿引领技术、现代工程技术、颠覆性技术创新，为建设科技强国、质量强国、航天强国、网络强国、交通强国、数字中国、智慧社会提供有力支撑。加强国家创新体系建设，强化战略科技力量。

——2017年10月27日，在中国共产党第十九次全国代表大会上的报告

实现中华民族伟大复兴的中国梦，必须坚持走中国特色自主创新道路，面向世

界科技前沿、面向经济主战场、面向国家重大需求，加快各领域科技创新，掌握全球科技竞争先机。这是我们提出建设世界科技强国的出发点。

——2016年5月30日，在全国科技创新大会、两院院士大会、中国科协第九次全国代表大会上的讲话

新一轮科技革命带来的是更加激烈的科技竞争，如果科技创新搞不上去，发展动力就不可能实现转换，我们在全球经济竞争中就会处于下风。

——2015年10月29日，在党的十八届五中全会第二次全体会议上的讲话

我国同发达国家的科技经济实力差距主要体现在创新能力上。提高创新能力，必须夯实自主创新的物质技术基础，加快建设以国家实验室为引领的创新基础平台。

——2015年10月26日，在关于《中共中央关于制定国民经济和社会发展第十三个五年规划的建议》的说明中强调

中国是世界上最大的发展中国家，发展是解决中国所有问题的关键。要发展就必须充分发挥科学技术第一生产力的作用。我们把创新驱动发展战略作为国家重大战略，着力推动工程科技创新，实现从以要素驱动、投资规模驱动发展为主转向以创新驱动发展为主。

——2014年6月3日，在2014年国际工程科技大会上的主旨演讲中指出

专题五　淡泊名利，甘于奉献

【解读】

但问耕耘，何愁收获，我们要正确理解淡泊名利和甘于奉献的含义。子曰：不义而富且贵，于我如浮云。意思是说：用不正当的手段获得荣华富贵，这种事情我是不做的，就好像天上的浮云一般毫无意义。在职业生涯中，个人只有方法得当，在勤奋努力和脚踏实地的付出后自然会收获成功，淡泊名利提倡的是淡化个人对名誉、利益的刻意追求，不要为了追名逐利而舍本求末；甘于奉献也不等同于无偿奉献，我们需要将个人的成长与国家的发展相融合，在个人成长的同时也促进了国家的发展。

【阅读1】

黄大年精神①

人生最快乐的事，莫过于为理想而奋斗。在这个世界上，除了名利之外，总有更高的境界和价值，值得我们为之奋斗，为之奉献，乃至牺牲。黄大年同志就是具有这样的信念与情怀的人，他把个人追求与国家发展、社会进步紧密联结在一起，以淡泊名利、无私奉献的人生境界和高尚品格，拓展了生命的维度，为我们留下了宝贵的精神财富。

淡泊名利、甘于奉献是中华民族精神的重要组成部分，是共产党员应有的精神追求。习近平号召以黄大年同志为榜样，“学习他淡泊名利、甘于奉献的高尚情操”。这既是对黄大年精神的高度评价，也是对党员干部和广大人民群众的勉励和要求。我们干事创业，就要有这种淡泊名利、甘于奉献的精神。无论贫富贵贱、穷达逆顺，都要始终保持定力、坚守初心，克服急功近利的浮躁，远离追名逐利的彷徨，不谋一己之得失，而忧事业之兴衰；无论从事什么工作，都要始终做到吃苦在前，享受在后，勤奋敬业、任劳任怨，勇于创新、敢于担当，脚踏实地干出一番事业，成就有价值的人生。

“天清江月白，心静海鸥知。”在黄大年身上，我们深刻地感受到一名知识分子党员对信念的坚守、对名利的淡泊。他身为中科院院士评审专家，自己并不是院士，别人劝他抓紧申报时，得到的回答却是：“时间有限，先把事情做好”；他掌握着数以亿计的项目经费，但从来都是公事公办，绝不搞“拉关系”“请托说情”那一套；他平易近人，注重实干，不仅自己以身作则，还耐心教导学生要“耐得住寂寞、坐得住冷板凳”。没有名缰利锁的羁绊，黄大年自由驰骋在科技报国的广阔天地。黄大年不计得失做人、坦坦荡荡做事的作风，如同一股清流，不仅涤荡出他高尚的情操，更给予我们绵绵不断的精神滋养。

“四时相催不肯迟，脚踏实地不停歇。”在黄大年身上，我们清晰地看到一名知识分子党员夙夜在公、甘于奉献的崇高精神。他是只争朝夕、鞠躬尽瘁的“拼命黄郎”，为了赶超世界一流，他惜时如金、夜以继日，8年里带领团队在航空地球物理领域取得一系列成就；为了国家科技项目建设，他吃着救心丸走进评审验收现场……“国计已推肝胆许”，黄大年怀着对祖国的满腔热血、对理想信念的坚守、对事业的无限热爱，凭着一股子韧劲、闯劲、拼劲，践行了“竭尽全力、鞠躬尽

① 案例来源：http://theory.people.com.cn/n1/2017/0618/c40531-29346230.html。

瘁”的承诺。他的无私胸怀和奉献精神是对党性的诠释，是引领社会风尚不可或缺的正能量。

伟大的时代呼唤伟大的精神，崇高的事业需要榜样的引领。我们要学习和弘扬黄大年精神，把淡泊名利、甘于奉献转化为自己的信念动力，融入自觉行动，争做不务空名的行动者和兢兢业业的奉献者；牢记初衷、砥砺前行，把自己的梦想融入实现中国梦波澜壮阔的奋斗之中，书写无愧于时代的人生精彩画卷。

【点读】

“以黄大年同志为榜样，学习他心有大我、至诚报国的爱国情怀。”习近平对黄大年同志先进事迹的重要指示，深刻阐明了黄大年精神的丰富内涵，激励全体中华儿女，高扬爱国主义旗帜，凝聚起更加磅礴的力量，为实现“两个一百年”奋斗目标和中华民族伟大复兴的中国梦而不懈奋斗。

学习黄大年同志的爱国情怀，就要像他那样热爱祖国、胸怀大局，让小我融入大我，用心投身改革开放和社会主义现代化建设的伟大事业。以崇高的追求超越小我，实现人生更大的价值，才能做一个“大写”的我。心有大我是一种格局、一种境界，也是一种信念，国家好、民族好，大家才会好。

【阅读2】

马善祥：一辈子做群众需要的人①

今年（2014年，编者注）58岁的马善祥，是重庆江北区观音桥街道调研员、“老马工作室”负责人，在第五届全国道德模范评选中，他获评“全国敬业奉献模范”称号。从事基层人民调解工作和群众思想工作27年来，“琢磨”出了148本、520多万字的工作笔记，总结了60多种群众工作方法，接待和处理了信访上访、征地矛盾、医患纠纷、邻里家庭矛盾等2000余起。

从不把群众当外人　让群众感受到尊严和温暖

12月4日上午9点，马善祥刚到办公室，就听到外面吵吵嚷嚷来了十几个人，出来一问，原来是一起工伤事故，双方因赔偿问题产生了矛盾。

马善祥面带笑容把他们迎进“老马工作室”，让座倒水，倾听记录，了解情况后开始进行调解。经过马善祥于法有据、入情入理的调解，双方终于达成了一致，当

① 案例来源：节选自华龙网（http://www.ccpc.cq.cn/home/index/more/id/196657.html）。

天下午就在调解协议上签了字。马善祥来不及休息，又赶赴下一场关于拆迁赔偿的调解。

紧张忙碌，马不停蹄，是马善祥工作的常态；群众带着怨气来，带着满意走，是马善祥工作的目标。

“父亲对外人比对家人好。”马善祥的儿子马仁驹曾经一度对父亲不理解，每当这时，马善祥总是告诉儿子：“那不是外人，是群众。”正如马善祥所说，他从来不把群众当外人。

人民调解工作就是跟老百姓打交道，马善祥从干上这一行开始，就给自己立下了接待群众的24字规矩——起立迎接，请坐倒水，倾听记录，交流引导，解决问题，出门相送。

不仅如此，在马善祥的办公室，经常会遇到这样的场景：冻得发抖的群众穿走了他的衣服，戴走了他的围巾；病了的、饿了的、迷路了的群众从他这里“借”走了钱，拿走了他桌上的常备药，吃光了他刚从食堂打来的午餐……

来找马善祥的群众都说，他是发自内心地尊重我们，让我们感受到尊严和温暖。

520余万字工作笔记　总结出60多种群众工作方法

马善祥有个观点：在基层，一名群众往往一辈子就找干部办一件事，这件事办好了，群众就可能一辈子记党和政府好；这件事办得不好，群众就可能一辈子记党和政府不好。

20多年来，马善祥习惯于通过写工作笔记思考工作、琢磨事情。就这样，马善祥“琢磨”出了148本、520多万字的工作笔记，总结了60多种群众工作方法。在“老马工作室”，书柜里摆着满满一层的笔记本，每本上面都标明了时间和序号。

“这其中既有对自身修养的感悟，也有对工作的思考，还有对解决各种具体矛盾纠纷的总结。”马善祥说，比如对婆媳矛盾，他总结出了“坚持尊老爱幼、保持适当距离”的调解原则；对医患纠纷，他总结了“倾听患者痛苦、理智判断真相、着眼今后生活”的处理方法；对于利益纠纷的调解，他总结了“不满意、能接受”的处置原则。

“做群众需要的人，不是一阵子，而是一辈子。”马善祥说，他已经58岁了，虽不敢说“老骥伏枥，志在千里”，却敢说只要群众遇到困难，问谁是“老马”的时候，他一定会毫不犹豫地站出来告诉他：“我，就是老马！”

最近，马善祥更忙了。近两个多月来，除了在“老马工作室”调解纠纷，马善祥在重庆市司法局开展的“人民调解万人大培训”活动中，正挨个前往各个区县向

"小马"们授课，让更多"小马"带着"老马工作法"服务基层。

【点读】

人生的价值体现在被社会需要、被社会认可。"做群众需要的人，不是一阵子，而是一辈子"，一辈子做群众需要的人，对待"外人"比对待家人还好，工作27年来，老马始终在自己的工作岗位默默无闻地付出，淡泊名利，甘于奉献，耐心为群众解决困难。我们不仅要向老马学习对待工作兢兢业业和求真务实的态度，更需要向他学习的是他那种淡泊名利、甘于奉献的工作精神，在为人民解决实际问题的过程中，实现自己的人生价值。

【阅读3】

潜心技术甘于奉献　平凡岗位书写传奇①

在重庆铁马工业集团有限公司，廖明是无人不晓的"明星"，每每提及，总能在人们口中得知他身上数不清的各种"头衔"，比如党的十九大代表、市级首席技能大师工作室命名专家、全国五一劳动奖章获得者、重庆市杰出人才突出贡献奖获得者……然而，在进一步了解后你会发现，真正让人们记住廖明的，却是他26年如一日与机床相伴不断创造传奇的那些精彩故事。

1992年7月，重庆铁马工业集团有限公司机加中心来了一位刚刚20岁的小伙子，他就是廖明。刚从技校毕业的他，走出了技术人生的第一步。没人知道，这个倔小子，从踏进工厂的第一天，便暗暗立下了鸿鹄志：当工人就当最优秀的，干活就干一流的。

勤学苦练成为廖明追求梦想的铺路石。他先后从事过普通车床、数控车床、立式加工中心、卧式加工中心、五轴联动加工中心的操作，面对不同的机种，他总是刻苦钻研，力求最快熟练掌握技术要领。他积极上进，充分利用公司提供的学习机会，先后参加了中国兵器工业集团公司数控机加技术培训班、中国兵器工业集团公司高端设备智能制造研修班等多项专业技术理论知识的培训。多年的吸收与沉淀，让廖明练就了一身精湛的职业技能，他不仅破格获得了数控车工高级技师和加工中心操作工高级技师等级证书，还于2007年获得了重庆市"优秀技能人才"称号。

20年磨砺，让廖明成为"人机合一"的代名词。数控机床有上百种刀具，每加工一个产品，要用上三四十种刀具。廖明总能根据产品精度要求，选择最为合适

① 案例来源：节选自全搜九龙坡网（http://www.cqjlp.com.cn/2018/1204/183661.shtml）。

的切削用量、夹具、刀具，甚至自制加工刀具。在机床车间，最令工友们称道的是，他可以一人同时操作3台数控机床。2012年，重庆市正式授予“廖明首席技师工作室”。

2013年，廖明接到一项加工大螺距梯形螺纹零件的任务。以往，这种零件都是采用低速刀具在普通机床加工，效率低、劳动强度大。“不安分”的廖明提出了在数控机床上加工的想法。他采用切槽刀代替成型刀，用宏程序完成了该零件的数控加工，生产效率提高了10倍以上，刀具成本却降低了70%！这个方法获得中国兵器工业集团第三届创新大赛技能创新二等奖。

与机床打交道20多年，廖明对工匠精神也有自己的理解：“操作数控机床不能取巧，只有用心、再用心。做到人无我有、人有我精。”

正是凭着这样的信念，廖明在平凡岗位上不断书写着传奇故事。2017年，廖明当选为党的十九大代表。荣誉，伴着他流淌在机床上的汗水，悉数而至，但他并未沉浸其中而迷失方向。“一个创新型企业必须有一大批高技能的复合人才”，他深深知道，荣誉背后蕴含着艰巨的使命，那就是要让更多的青年工人，也学到真本领，让优秀的技术和工匠精神，代代相传。

作为国家职业技能鉴定高级考评员，从2009年起，廖明受邀担任了重庆市中等职业学校职业技能大赛竞赛评委。他所在的班组形成了“人人学技术、人人比贡献”的良好氛围，并获得了中央企业红旗班组、重庆市十佳技能提升班组等荣誉称号。近年来，廖明将“传帮带”作为自己的重要工作内容，毫无保留地传授技术，累计为公司数控操作人员培训理论、CAD/CAM软件和专项技能500余人次。

【点读】

技校毕业的廖明起点并不高，但自入行的第一天起就立志：当工人就要当最优秀的，干活就是干一流的。正是在这样的精神鼓舞下，他一路走来，勤学苦练，积极上进，刻苦钻研，以勤补拙，通过26年的积累练就“人机合一”的本领，并通过自己的努力为企业创造了极大的经济价值。伴随着他的成长，随之而来的是数不清的各种“头衔”，比如党的十九大代表、市级首席技能大师工作室命名专家、全国五一劳动奖章获得者、重庆市杰出人才突出贡献奖获得者，而所有这些荣誉的获得，都不是他刻意去追求的。成长路上，但问耕耘！

【思考】

市场经济条件下，如何正确理解淡泊名利的含义？

【实践】

青年志愿者活动实施方案

为了进一步弘扬奉献、友爱、互助、进步的志愿者精神，推动青少年志愿服务有目标、有步骤地开展，特制订青年志愿者活动方案如下。

一、青年志愿者活动的意义

志愿服务精神是对中华民族团结友爱、助人为乐、见义勇为、尊老爱幼、尊师重教等传统美德的继承和光大，是社会主义时代精神的弘扬和体现。开展青少年志愿者行动，既是学生倡导社会新风、奉献自我、回报社会的一种方式，也是在实践中锻炼自我、自学成才的一种途径。对进一步塑造学生勇于实践、无私奉献的精神，在增强学生的服务意识和劳动素质以及促进学生思想政治教育工作等方面都有着重要的意义。

二、青少年志愿者活动的宗旨

青少年志愿者活动以倡导互助友爱的社会风气、完善社会保障体系、推动社会全面进步、促进青少年健康成长为宗旨，动员组织全校各班团组织、志愿者组织和广大青少年志愿者深入宣传志愿精神，大力开展志愿服务活动，为文明建设做出积极的贡献。

三、志愿者活动的内容（可五选一）

（一）为环境保护、公益事业等提供服务（如保护汉丰湖文明倡导等）。

（二）承担临时性、突击性志愿服务任务（如大型服务活动等）。

（三）其他具有专业技术特长要求的志愿服务工作（如美发专业义剪、电子专业义务维修家电等社会实践活动等）。

（四）为社区发展、公益事业等提供服务（如定期前往养老院、福利院等）。

（五）其他需要提供志愿服务的项目。

四、青年志愿者活动要求

（一）注意结合专业特长开展志愿者服务。例如美发专业可组织学生到社区敬老院、福利院、养老院等开展义剪活动，电子专业可组织学生开展家用电器维修志愿活动，医学专业可组织学生开展养老护理志愿工作等。

（二）指导教师加强对青少年志愿者服务活动的指导。包括青少年志愿者的招募工作，确保青少年志愿者有效地开展。活动开展后确保填写记录，以便日后考核奖励。

（三）要加强对志愿者服务活动的宣传。通过主题班会、展板、橱窗、广播等形式展开宣传动员。

（四）加强对参与学生的过程考核管理。将学生参与实践的情况作为课程学习效果的考核依据之一，确保学生积极参与志愿者服务工作，提升志愿者工作效果。

【拓展】

人民观点：勇于担当　甘于奉献[①]

——凝聚抗击疫情的精神力量

正是各行各业、千千万万个坚守在抗疫一线的奋斗者，勇于担当、甘于奉献，聚涓滴之力，护山河无恙

在实现中华民族伟大复兴的征途上，事不避难、义不逃责的决心和以身许国、无私奉献的行动，支撑我们向着一个又一个目标勇毅前行。

闻令而动，关键时刻挺身而出；逆行出征，血肉之躯筑起抗疫堤坝；枕戈待旦，坚守点亮希望之光……在这场战役中，无数人以担当之勇、奋斗之志，书写下一曲曲荡气回肠的乐章，在挑战中挺起不屈的脊梁。

山河无恙，英雄归来。不久前，援鄂医疗队撤离时，武汉市民在窗口挥手高呼：谢谢你们，为我们拼过命。而各地也以最高礼遇，致敬最美身影。贵州援鄂医疗队车队所经之处，市民自发鸣笛迎接；深圳全城亮灯，迎接援鄂医疗队回家；济南机场用"水门礼"，迎接山东医疗队员的航班……就在疫情刚刚发生时，听闻战斗号角吹响，同样是这群身影，有的父母年事已高，有的孩子嗷嗷待哺，还有的新婚宴尔，却依然义无反顾冲向疫情防治最前沿。人们感谢的，是一种悬壶济世的责任担当；人们致敬的，是一种舍己为人的无私奉献。

正是各行各业、千千万万个坚守在抗疫一线的奋斗者，勇于担当、甘于奉献，聚涓滴之力，护山河无恙。在这场战疫中，不论是医护人员还是民警辅警，不论是社区工作者、下沉干部还是志愿者，在关键时刻冲得上去，在危难关头豁得出来，用行动诠释着担当，用辛劳书写着奉献。"最辛苦的岗位，党员必须先上"，是党员干部冲锋在前的身影；"我不能哭，护目镜花了就没办法工作了"，是一位护士面对采访镜头时的坚强；"万家灯火，就是战疫路上最大的动力"，是社区工作者不惧风

① 资料来源：节选自《人民日报》(2020年04月01日 05版)(http://paper.people.com.cn/rmrb/html/2020-04/01/nw.D110000renmrb_20200401_1-05.htm)。

雨的独白……疫情当前，有人远征前线，也有人守护家园；有临危不惧、挺身而出的英雄，也有默默无闻、点滴奉献的身边好人。疫情面前没有旁观者，每个人都担一份责，献一份力，筑起了阻击病毒的铜墙铁壁，汇聚起战胜疫情的强大力量。

“常思奋不顾身，而殉国家之急。”挑战面前，每一份牺牲和奉献都将融入中华民族的精神血脉，化作穿越风雨的力量。为阻断病源输出，湖北所有地级市相继采取措施，以壮士断腕的精神，为全国乃至全世界赢得抗击疫情的“时间窗口”；各省区市鼎力相助、火线驰援，选最精锐的医生往湖北送，拿最好的物资往武汉运，写下一个个感人的故事；企业员工牺牲与亲人团聚的机会，春节期间加班加点生产口罩等医疗物资；建筑工人为抢工期，牺牲了休息的时间，火神山、雷神山医院如期完工。梁武东、李文亮、刘智明、黄汉明、马承武、郑勇……这些牺牲在抗疫一线的医务人员、基层干部、民警辅警、志愿者们，他们的名字必将铭刻于历史、铭记于人心。无畏、无私、无悔，大仁、大勇、大爱，读懂了没有硝烟的战场上的这些牺牲和奉献，才能读懂什么叫爱国情怀，什么叫家国大义。

伟大的事业需要伟大的精神。在实现中华民族伟大复兴的征途上，事不避难、义不逃责的决心和以身许国、无私奉献的行动，支撑我们向着一个又一个目标勇毅前行。习近平赴湖北省武汉市考察疫情防控工作时强调，在这场大考中磨砺责任担当之勇、科学防控之智、统筹兼顾之谋、组织实施之能。在与疫情的正面交锋中，一个个干部经受住考验，被组织火线提拔；一批批青年扛起最艰巨的任务，在火线光荣入党。从研究新型冠状病毒的科学家，到为民排忧解难的网格员，再到广大党员干部，他们在经风雨中壮筋骨，在见世面中长才干。这场抗疫中展现出的勇于担当、甘于奉献的精神力量，善作善成的底气，都将熔铸成为我们共同的民族记忆。

草木蔓发，春山可望。正在重新醒来的武汉，湖光潋滟，樱花盛开。汉口火车站迎来首趟返岗复工专列，部分企业恢复生产，停运多时的公交车再次运行……江城武汉的复苏，喻示着这场艰苦卓绝的战役，必将迎来最后的胜利。面向未来，统筹疫情防控和经济社会发展工作的任务依然艰巨，全面建成小康社会的战鼓催征，实现“十三五”规划圆满收官的使命在肩。将这场斗争中凝聚起来的精神力量弘扬到各项事业中去，我们必将开创更加光明的未来。

第三章

品读工匠之道　弘扬工匠精神

【导读】

《说文解字》中记载："匠，木工也。"我们可以看出今日的"匠"已由木工转变为心思巧妙、造诣高深的代名词。清代魏源也曾说过："技近乎艺，艺进乎道。"其意是在追求技艺的时候，更注重"道"的培养。这里的"道"，就是我们所谓的"匠心"。"匠"代表高技能，"心"代表崇高的职业精神。

工匠精神至今还没统一的定义，但是在不同的时代它有不同的时代特征，我们认为在新时代背景下，它的基本要义应该是：精益求精，超越自我；自律自信，执着坚守；守正创新，与时共进；分工合作，共进共赢；立德树人，舍我其谁。领悟工匠精神的真谛，真正做到内化于心外化于行，培养更多"大国工匠"实现"中国制造"到"中国智造""中国创造"。

专题一　精益求精，超越自我

【解读】

精益求精比喻已经很好了，还要求更好，表示要求极高。孔子《论语·学而》："《诗》云：'如切如磋，如琢如磨。'"宋朝思想家、哲学家朱熹注："言治骨角者，既切之而复磋之；治玉石者，既琢之而复磨之，治之已精，而益求其精也。"意思是从业者对每件产品、每道工序都凝神聚力、精益求精、追求极致，它是一种卓越的职业品质。青年学生生龙活虎，充满朝气，是早晨八九点钟的太阳，需要给自己定下人生目标，然后像夸父逐日一样始终不渝地去追求，哪怕粉身碎骨也在所不惜。

作为中职学生，我们拥有自己的优点，比如动手能力强，喜欢探究新鲜的事物，古道心肠乐于助人，追求极致，等等。在学习的过程中，我们首先要敢于定目标，然后把工作的每一流程熟记于心。人生的过程就是学习的过程，人生永远不会完美，但我们不放弃追求极致；学习的过程也是不断自我超越的过程，这一过程虽然有时有点苦，但是当你回顾往事时，就会发现这些都是宝贵的人生财富。

【阅读1】

小木匠的故事

从前，有一个小木匠出外做工。时值秋天，要回家收秋。几个月下来整天忙于工作，挣了许多银子。可是自己的头发也长得很长了，要回家啦，怎么也得剃剃头吧。小木匠挑着自己的家伙什正走着，看到一家理发摊点，只见一位理发师傅，白白胖胖，粗手粗脚，看起来很笨拙，身穿白大褂，坐在凳子上抽着烟，很悠闲的样子，看来还没生意。

小木匠心想正好在这里剃吧。走到理发师傅面前，放下自己的挑子，摸了摸自己压得难受的肩膀，伸了伸腰说："师傅，生意可好啊！"

理发师傅赶忙赔上笑脸："借你吉言还好，要剃头吗？"

小木匠说："是啊，要回家收秋啦，理个光头吧。"

"好嘞！"理发师边说边倒热水，边招呼客人坐下。小木匠稳稳地坐下后，理发师傅仔仔细细地给小木匠洗好头，不慌不忙地当好剃头刀边说："师傅有三个月没理发了吧？"

小木匠略一掐算："师傅好眼力，整整三个月，一天不差。"理发师傅说："师傅喂，我要开始剃啦！"说着，将剃头刀子在小木匠的眼前一晃，手指一搓向上一扔，只见剃头刀滴溜溜打着转，带着瘆人的寒风向空中飞去，当到落下时，只见剃头师傅手疾眼快，一伸手稳稳地接住剃头刀子，并顺势砍向小木匠的头，这下可把小木匠给吓坏啦。"啊!"声还没叫出，只觉头皮一凉，紧接着听到"嚓"的一声，一缕头发已经被削下，这时小木匠才"啊"的一声，刚要一闪："你要干什么？"剃头师傅用肥胖的手往下一摁说："别动。"说着，刀又旋转着飞向空中，小木匠用力挣扎着要闪，可是被剃头师傅按得紧紧的，不能动弹，说时迟那时快剃头师傅一接旋转的刀，嚓的一声又是一缕头发落地，小木匠脸都吓白了，又不能挣脱，只好闭上眼睛，心想："这下完了，小命儿不保啦。"只见剃头师傅就这样一刀接一刀，三下五除二，不一会就给小木匠剃好了头，拿过镜子一照，嘿，一点没伤着，而且剃得锃明瓦亮。

这时小木匠才长舒一口气，从惊悸中苏醒过来，但浑身还在颤抖。突然，一只苍蝇嗡嗡着正好落在剃头师傅的鼻子尖上，小木匠手疾眼快，从自己的挑子中抽出锛子抡圆了照着剃头师傅砍去。这是剃头师傅刚要用手赶走落在鼻子上的苍蝇，只见小木匠双手一起，不知什么东西砸向自己，只感到眼前一晃，一阵风，从面前吹过。剃头师傅更是吓了一跳，还没醒过味来，只见小木匠将锛子头向他面前一伸，上面半只苍蝇的两只翅膀还在呼扇，小木匠又拿了镜子给剃头师傅一照，剃头师傅又看见另一半苍蝇落在自己的鼻子上，两只前腿还在伸张。原来，活活的一只苍蝇被小木匠这一锛子劈为了两半。看完两个人哈哈大笑，相互佩服对方的技艺精湛。

【点读】

读完小故事，同学们是不是会心一笑？貌不起眼的、看起来很笨拙的理发师傅竟有着惊人的绝技：眼快、手疾、“心狠”，一眼看出顾客三个月未理发，剃头刀滴溜溜在寒风中打转，理发师傅手疾眼快稳稳接住后，小木匠“啊”字还未来得及喊出，一缕头发已悄然落地。“小木匠用力挣扎着要闪，可是被剃头师傅按得紧紧的，不能动弹”，“心狠”的理发师傅不容他乱动，依然大刀阔斧挥斥方遒，三下五除二，就给小木匠一个“锃明瓦亮”的惊喜。故事到这可谓惊心动魄，可是让人惊奇的是，一只苍蝇让我们稍稍平静的心忽地一下又悬上喉咙，小木匠锛子头上的“半只苍蝇的两只翅膀还在呼扇”，而“另一半苍蝇落在自己的（理发师傅）鼻子上，两只前腿还在伸张”。最后，两个人哈哈大笑。故事戛然而止，读者也是回味悠长。高手对决，酣畅淋漓。双方比的是什么，聪明的你知道吗？

【阅读2】

追风少年的“智能梦”

廖万明[①]

时间如流水，终将汇入大海。从开州区职业教育中心机械专业毕业的那一天起，我已经在重庆文理学院生活了两年多。而我也早已不再是那个只会操作机床的

① 廖万明，重庆市开州区职业教育中心2016级机械专业毕业生，现在就读于重庆市文理学院机械电子专业。

第八届全国大学生机械创新设计大赛
（重庆赛区）
获奖证书
所属学校：重庆文理学院
参赛学生：黄杰、廖万明、郭洲海、赵陆波、郎红福
指导教师：郭鹏远、张涛
在“第八届全国大学生机械创新设计大赛(重庆赛区)”中，荣获重庆赛区一等奖，特发此证，以资奖励。
重庆市教育委员会

证书编号：TE2019035
第十二届“高教杯”全国大学生先进成图技术与产品信息建模创新大赛
获奖证书
获奖项目：机械类3D打印一等奖
获奖学校：重庆文理学院
参赛者：黄杰，廖万明
指导教师：郭鹏远，王成琳，胡旭，吕程
全国大学生先进成图技术与产品信息建模创新大赛组委会（盖章）
教育部高等学校工程图学课程教学指导分委员会
中国图学学会制图技术专业委员会
中国图学学会产品信息建模专业委员会

少年，现在的我在学校里找到更好的生活方式。来到大学里最大的改变就是学习态度不一样了，因为接触的东西不一样，大学毕业就要面临就业找工作，如果现在拿大把时间去挥霍，将来一定会后悔的，所以我从进入大学的那一刻开始就明白自己的目标——学习。

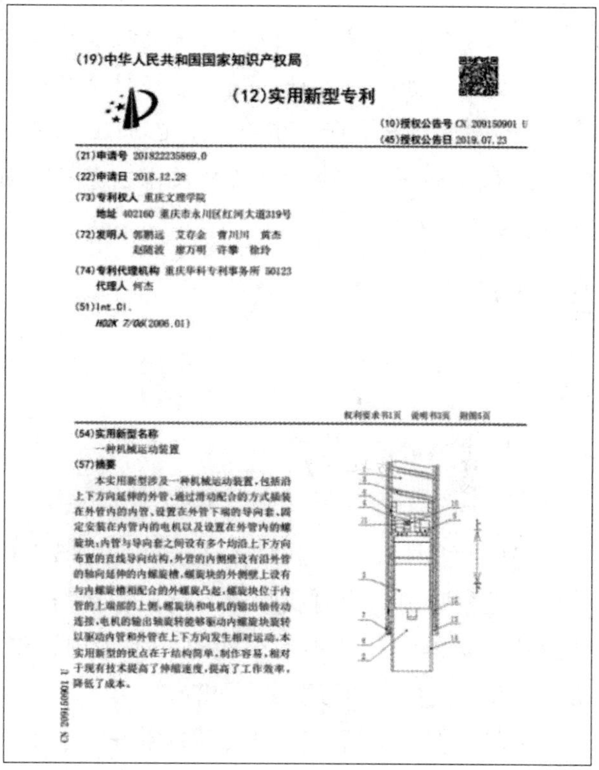
(19)中华人民共和国国家知识产权局
(12)实用新型专利
(10)授权公告号 CN 209150901 U
(45)授权公告日 2019.07.23
(21)申请号 201822235869.0
(22)申请日 2018.12.28
(73)专利权人 重庆文理学院
地址 402160 重庆市永川区红河大道319号
(54)实用新型名称
一种机械运动装置
(57)摘要

一分耕耘，一分收获。在大学的这两年多里我不仅要在学习上争取名列前茅，更要在学科竞赛上取得成绩，因为只有这样，我才能丰富我的大脑。那么，在这两年我究竟取得了一些什么样的成绩呢，接下来请跟随我一起去看看吧！

在大一的时候，我进入实验室成为助理，在班级上担任组织委员。新生都在于磨炼，大一第一学期我参加许多校级比赛，但都没能取得好成绩，所以期末综测成绩评定只拿了第二名。从大一下学期开始，我便步入了正轨，学习一路紧跟老师的步伐，职务上依然担任助理与班委，另外也管理着一个科学技术社团，在学科竞赛上也取得了不错的成绩，主要有：获得特等奖学金一次、一等奖学金两次、国家励志奖学金一次、先进优秀个人等称号多次，获得全国大学生机械创新设计大赛（重庆赛区）一等奖、全国大学生工程训练大赛二等奖、重庆市创新方法大赛三等奖、全国大学生先进成图技术与产品信息建模创新大赛机械类3D打印一等奖，申请专利六项并已授权一项。目前正在参加由西门子组织的智能制造大赛。在准备这次比赛的过程中，我又学到了不少新的知识，逐渐明白自己学的东西还是太少，学校等级越高，接触到的教育也就越好，所以说现在越来越多的人选择考研、读博。

总的来说，大学就是一个进一步学习的地方，它可以改变一个人在人生路上的行走路线，一条是顺畅而又安逸的下坡路，另一条是曲折而又长满荆棘的上坡路，但只有曲折而又长满荆棘的上坡路才是通往成功之门的道路，而现在的我就在这条路上披荆斩棘。

【点读】

人生就是一场渐行渐远的旅行，当你离目的地越来越近的时候可能也就是离最初的自己越远的时候。所以在行进的过程中得不断调整，遇到自己喜欢的东西要抓住，要像对待恋人一样始终如一地保持高度的热情，学会精益求精，学会“吹毛求疵”。廖万明目标清晰，不断给自己加压，不断地超越自己，当别人都在放松娱乐时，他也没有一刻放松对自己的要求，苍天不负有心人，他取得一个又一个骄人的成绩也就顺理成章。

【阅读3】

蜕 变 记

王 通

2012年8月30日，我踏入了开州职业教育中心的大门。一进校门就被校园内优美的景色所吸引，当时我暗暗下定决心要努力学好专业技能，让家人、亲人、同学知道我所选的学校并不差。经过一番考虑，最终我选择了尹宏宽老师所带的模具班，并在班上担任学习委员一职。

一周军训结束后，我们回到教室开始上课，课本陆续地发放到我的手中，语数外我并不陌生，但专业课本我根本就看不懂，但我知道这些内容将是我以后工作时所需要的东西，所以每堂课我都认真地听，认真地做好笔记，不懂就问直到自己完全明白为止。学校的每门专业都有实训课程，我们班的第一次实训课是钳工技能实训，带领我们技能实训操作的是一位很严格的老师，仿佛他的眼里只有尺寸与公差，当时我还不理解，很多同学认为他在折磨我们呢！但后来我们渐渐懂得了，他的严厉是让我们以后在工作中不犯错。

在实训操作期间，我经常利用大课间休息时间加强技能实训，凭着勤学好学我终于进入了钳工技能大赛种子选手的培训队伍中。在经过了2个月的钳工培训后，学校准备派学生到重庆九源机械有限公司进行为期半年的数控车床培训。虽然这次培训和我所学专业不一致，但我还是选择参加培训。培训期间我总是抓住一分一秒进行练习，晚上回宿舍后还要把老师讲的每一个技能点再回想一遍。

"每天一小时，菜鸟变大师。"半年培训时间结束也意味着比赛将至。功夫不负有心人，在重庆市第七届、八届中等职业学校职业技能大赛数控专业比赛中我喜获二、三等奖。2015年6月我毕业了，同年8月参加开州区职业教育中心外聘数控技能教师的招聘，成了开州职业教育中心的一名技能实训教师。任职期间，我指导2016级机械班廖万明同学参加第四届三峡库区技能比赛、第九届中等职业学校职业技能大赛数控专业比赛，分别荣获一、三等奖，还指导学生获得2016年重庆市中等职业学校文明风采竞赛创新设计比赛三等奖。

感谢母校培养了我，我将把这份爱传递下去，回报母校，回报社会，为社会培养更多的优秀技能人才，为更多的学弟学妹们指一条人生成人成才的康庄大道。

【点读】

英雄不论出身！王通出身职教，但是自强不息，他把别人用来休息的时间都用来学习，做任何事情精益求精，不放过任何疑问，多年如一日，实现从一名职教学生到一名职教实训教师的华丽蜕变，他的事例告诉我们，只要有信心，认准方向不偏离，坚持不懈超越自我，就能最终驶向理想的港湾。

【思考】

1.廖万明是职校培养的学生，不仅顺利考上大学本科，还拿到国家励志奖学金，拿奖拿到手软，从他身上你能发现他成功的秘诀吗？

2.王通是职校培养的学生，由于自身专业素质过硬，综合能力强，被留校任教，还指导出优秀的学生廖万明，对此你如何看？

【践行】

主题活动：寻找身边的最美工匠

我们身边有各种职业的劳动者，请你用镜头记录你身边的最美工匠。

一、活动形式

"寻找身边的最美工匠"摄影作品展。

二、活动要求

1. 在一周内找到你认为身边最美的工匠，利用手机拍好素材。

2. 打印好照片并做好说明。

3. 以班级或小组为单位进行作品展出，并请同学们聊聊自己未来想从事的职业，以及自己如何做准备。

【拓展】

观看中央电视台10套科教频道《我爱发明》栏目任一期节目，学习发明人对发明事业精益求精、不断改进、超越自我的精神，聪明的你肯定会有不一样的感受，并把感受记在本子上。

专题二　自律自信，执着坚守

【解读】

自律，最早出自于《左传·哀公十六年》，指在没有人现场监督的情况下，通过自己要求自己，变被动为主动，自觉地遵循法度，拿它来约束自己的一言一行。自律可以最大限度地提升效率，不管是工作的效率，还是生活的效率。效率的提升无非就是两个层面，一个是天赋，另一个就是熟能生巧而自律，就是别人每天干十次的事情，你能逼迫自己每天干五十次甚至一百次，优秀的运动员就是这么诞生的。在大家本身的身体素质和心理素质都相近的前提下，能拼的自然就是看谁对自己更狠，谁愿意在平日的练习中下苦功夫，这也是坚守的力量。

自律可以改变一个人的思维方式，按照人性原本的思维定式，懒散和安逸是人们原本就十分喜欢和渴望的。所以在遇到一件难事的时候，退缩是人的本能。而对自律的人而言，他们一般不会退，自律在某种程度上，就是和自己死磕，和困难死磕，和所有阻碍自己完成目标的人和事死磕。

世界上最可怕的两个词，一个叫执着，一个叫认真，认真的人改变自己，执着的人改变命运。因为执着，我们进步。因为进步，我们自信。因为自信，明天才会更好。坚持自律一定时间后，再遇到问题和麻烦，你会发现自己第一感觉不是抱怨和推脱，而是马上思考解决方法。聪明的你，理解了吗，你能坚持去做吗？

【阅读1】

阎焱：企业家要自信、自律和坚守①

亚布力论坛2018夏季高峰会上，赛富亚洲投资基金创始管理合伙人阎焱在中国商业心灵：企业家精神与我环节中，表达了自己对企业家精神的理解。他认为企业家精神的精髓在于自信、自律和坚守。以下为演讲实录（部分）：

我讲三个与企业家精神有关的故事，这其中包括了我刚才讲过的三个企业家最重要的元素，第一个是相信，第二个是选择，第三个是坚守。第一个故事是关于马云的，第二个故事是关于我个人的，第三个故事是关于杨欣的。

故事一：马云。关于相信的问题，就是你是不是相信。我很有幸参与了阿里早期的投资和管理的活动。今天的阿里如日中天，但是不要忘记，阿里从创业到成功中间有十几年的时间，每一天考虑的问题都是怎么活下去。2001年深秋，有一天我突然接到孙正义的电话，他说你能不能明天飞一趟杭州。我说我刚从上海回来，怎么又去，什么事。他说要帮助一下马云，他没钱了，需要帮助。2001年，互联网泡沫破灭。当时美国没有钱，欧洲没有钱，中国也没有钱，唯一有钱的国家就是日本。老孙为了这个事跟日本的银行家谈，日本银行家要求当天飞杭州，所以老孙自己花钱租了一架飞机。当时老孙让我讲中国的投资，让马云讲中国的互联网；结果马云跟人家讲要让世界上没有难做的生意。讲完以后，居然还真拿到了日本银行给的钱。

我觉得马云是一个非常非常好的演说家，他讲梦想，但他是真的相信他所说的东西。现在大家都讲梦想，但很多人并不是真的相信自己说的东西。作为一个创业者非常重要的一点就是，你讲的东西你自己一定要相信。

故事二：我自己。我插过队，当过运动员。我想用我自己的经历说一个事情。这么多年我们投了很多企业，大概有1/3的项目很有意思，从开始投资到后来做成功，这些项目和我们投资时做的事情完全不一样了。这说明什么呢？一个好的企业家一定要能够选择。

故事三：杨欣。中国有一批民间人士，30年来坚持做民间的环保。这个领头人叫杨欣，是一个会计。记得改革开放的时候，中国最早有一批十八勇士漂流长江，后来全部遇难，他是唯一的幸存者。后来他就决定把一辈子贡献给中国的环保，跟

① 案例来源：https://www.sohu.com/a/253242490_99947734。

几个人组织了"绿色江河"。这几年靠他们的一己之力保护长江和黄河的源头不被污染。因为在长江、黄河的源头，当地人开始使用塑料瓶，进而产生污染，所以他就开始保护它。看完以后我很感动，就决定资助他。他已坚持了30多年，我们当时第一次看到他的时候，他一辆车已经开了60万公里，那个车除了轮子不响什么都响。我们现在从我国的观察站附近已经看到了几万头藏羚羊从那里走过，我们的生态环境又好起来了，所以我觉得企业家精神特别重要的东西就是坚守。

所以，怎样成为一个企业家？市场是造就企业家最重要的因素，但是内在的因素非常重要，要做一个诚实的人，只有诚实的人才能成为一个伟大的企业家，要做一个有信仰的人，要做一个好奇的人，要做一个有坚守的人，要做一个有意思的人，要做一个接地气的理想主义者，这样，理想的光辉才会照亮每一个创业者人生的每一步。

【点读】

马克思说："劳动已经不仅仅是谋生的手段，而且本身成了生活的第一需要。""历史承认那些为共同目标劳动因而自己变得高尚的人是伟大人物，经验赞美那些为大多数人带来幸福的人是最幸福的人。"企业家可以算作最幸福的人群之一，因为他们为大多数人带来幸福。企业家要自信、要自律、要坚守，作为未来企业家的储备力量之一的职业学校学生，更要自律、自信和坚守。唯有自律才能坚守，唯有自信，才能执着。拥有了自律自信、执着坚守，成功也就离你不远了。

【阅读2】

职教老兵的教育情怀

周启恒[①]

身后一串串清晰而深刻的足迹，是一个普通教师真实情怀的写照，有责任，守道义，讲付出，求无悔。30多年花开花落的日子，一批批学子来了又去了，改变的是容颜，不变的是对学生的爱，对职业教育事业的坚守。

职 教 情 缘

1986年，像所有刚毕业的有志青年一样，我怀揣着一个伟大的梦想，来到了开

① 周启恒，男，开州职业教育中心数学教师，区级骨干教师。1986年参加工作，任教于开县华承职业高级中学、开州职业教育中心，一直坚守在职教讲台，获市、县"先进教师""优秀班主任""骨干教师""最受欢迎教师"等30多项表彰，指导学生参加第五届、第六届全国中小学信息技术创新与实践活动，均获市级三等奖，多篇论文在各级各类评比中获奖，曾在省级刊物上发表成果19篇。

县华承职业高级中学……对于一个刚刚踏入教育行业的新人而言，我同样也憧憬着，未来的自己可以桃李满天下……然而职业教育的特殊性给了我猝不及防的一棒：一开学我担任计算机班的班主任，走进教室的瞬间，我几近崩溃，我所带的班级竟然只有20个学生，学生连一元一次方程都解不来，复杂的心情难以言喻……两周之后，我的心理防线最终被击垮，坐在办公室里，看着自己认真批注的红黑相间的教案，像一个无助的孩子放声大哭起来，正如人们所说的一样，理想很丰满，现实很骨感，曾经有一度，我不敢向别人提及我的职业，更不敢告诉别人我是职中的教师！

带着对教育事业的失望，我鼓起勇气向校长求助，校长的话语我至今记忆犹新：你的职教之路还太短，慢慢你就会发现，其实咱们的孩子只是学习方面不开窍，你要慢慢去发现每一个学生的闪光点，作为职教老师，永远都不要用成绩来评判学生，更不要用桃李满天下的情怀来苛求自己，职业教育就是让我们的孩子在社会上能有一片自己的天地，这就是我们的成功！你所应该肩负的社会使命……也许是这番话点悟了我，我开始用另外一种心境对待我的职教事业，跟学校其他前辈一样，用放大镜发现学生的一小点进步会让我欣喜，学生课下来办公室求疑解难会让我信心百倍；像其他前辈一样，我无时无刻不在关注每个孩子的一言一行，真正践行职教老师为人师为人父的诺言。

“把学生放在周老师班上，我们放心”

“把学生放在周老师班上，我们放心”，这是我当了多年班主任，接手每届新班级，学校老师和学生家长最爱说的一句话。

人的伟大在于灵魂的高贵，工作的崇高在于热血丹心。我三十多年如一日，先后担任1986级、1989级、1992级、1995级、1998级、2001级、2002级、2005级、2008级、2011级、2014级、2017级不同专业的班主任工作，这一连串的数字标示着一种不懈的人生追求：献身职业教育，关心学生、服务学生、循循善诱，"抓两头、带中间"。我始终践行"没有爱就没有教育"的理念。初冬季节雨水多，我给班里淋湿身的学生烘烤衣服；我整夜陪护生病的学生；我给上晚自习的同学们煮鸡蛋；给生病的学生熬粥；为了整治学生深夜爬墙上网的现象，我多次半夜起来查寝甚至睡在男生寝室。为了与家长好沟通，一起教育学生，我建家长QQ群、微信群，把学生的表现及时告知家长，把学生在寝室的情况、教室上课的情况录制视频放在家长群中，让家长监督学生，一起管好学生；学生家里小到父母吵架，大到天灾人祸，我都尽力给予及时有效的帮助。我期望每个学生都健康快乐成长，每个学生不会因为教育缺失而留下遗憾。

在我的办公桌抽屉里保存有50多本班主任工作记录本，这是我做"班头"的一个法宝。我身上常揣一个笔记本， 每个学生的每次进步，工作的每次失误都记录下来，有什么好的想法也记下来，促动学生成长的点滴都记下来， 30多年来，50余本，细心如此，还不能让家长放心吗？学生调皮地笑，这是周老师的"变天账"，不，不如说是学生的"成长录"。

很多人认为中职生是"不好教""让头疼""混人大"，对此，我有新说法，什么叫"差生"？"差生"就是优点尚未被发现的学生。其实，每一个学生都有潜力可以挖，你认为他行，他就力争做好；你认为他有问题，他就会出问题。2008级计算机应用1班，就有一个所谓的"差生"马某（从别处转来），经常旷课、打架，我找他谈话："我知道你旷课、打架但你还是个孩子，只是辨别是非的能力不强，其实老师知道你绝不是一个坏孩子。"同时，我还指出了马某的许多优点，让马某深感愧疚，从此马某改正了自己的缺点。在我带的班级中，能够让班上不同层次的学生都有发展，都能健康发展。"把学生放在周老师班上放心"，老师、家长朴实的话就是对我工作的最高褒奖，最真诚的信任。

"周老师上课很少有人打瞌睡"

中职生学习基础、学习习惯、学习能力相对较差，特别是数学，大多数人都一窍不通，不感兴趣，上课打瞌睡的人多。要想学生对数学感兴趣，老师必须付出更多。我经常查找、总结上课风趣幽默的话、数学小故事、数学在生活中的应用等用于课堂，更注重课堂师生的精气神，我的课堂有笑声，有掌声，有游戏，作业发到学生QQ群，学生学起有劲、有用，当然很少有人打瞌睡。

我认为，最好的教，就是让学生学会学；最好的学，就是让学生给别人讲。所以我非常注重调动学生的学习积极性，开展丰富多彩的教学活动，培养学生的观察、分析、总结及运用能力。我发扬自己独特的教学风格，把学生带入数学世界，领略学习数学的乐趣，2005年毕业，全班72人，42人就业，深受用人单位好评。30人参加高职考试，王亮彬数学获得了满分（全重庆只有2名学生数学为满分）。全市数学平均分不足50分，2005级计算机应用1班的数学平均分90.5分，全市第一。全市当年计算机招本科95人，我班本科上线、录取15人。

没有最好，只有更好。教学工作是常教常新，永无止境。步入中年，迎来职教发展新的春天，我时时以一个优秀教师的标准严格要求自己，工作勤勤恳恳、兢兢业业。为了提高自己的教学水平，适应职业教育的发展，适应新形势下的教育工作，认真钻研新教学大纲，以新思路、新理念、新方法指导工作。工作之余，阅读报刊，多方搜集新教育信息，转变教育观念。50万余字的读书笔记和心得，是追逐美好梦想的砖块，奠定了我能更好地服务于教育、教学工作的实力。

脚踏实地，开动脑筋、学人之长，大胆创新、认真备课、上课，扎扎实实地打好基础，教学中从不照本宣科，而是以各种教学方式营造轻松、上进的氛围，让学生觉得学数学有趣有用，“周老师上课很少有人打瞌睡”，学生的这句话是对我上课的最好肯定。

教书是个良心活，育人是个责任活。我的作为皆普普通通，业绩亦平平凡凡。教书在于坚守，育人在于引导。教书职教，育人不悔！

【点读】

30多年如一日，周启恒老师用热情、用青春点燃了爱的教育，始终践行“没有爱就没有教育”的理念。30多年如一日，先后担任1986级、1989级、1992级、1995级、1998级、2001级、2002级、2005级、2008级、2011级、2014级、2017级不同专业的班主任工作，这一连串的数字标示着一种不懈的人生追求：献身职业教育，关心学生、服务学生、循循善诱，“抓两头、带中间”。30多年来，50余本班主任工作手册记录了点点滴滴的往事，周老师用高度的自律和对教育的执着与坚守，谱写了一首平凡教师的不平凡之歌。“‘把学生放在周老师班上放心’，老师、家长朴实的话就是对我工作的最高褒奖，最真诚的信任。”周老师这句看似平淡无奇的话语却反映了教育的真谛，值得每一个教育工作者认真学习。他的认真严谨的人生态度非常值得我们的学生学习。

【阅读3】

雷春：奋斗的青春最美丽

——记原开县明星职中89级水电班毕业生雷春

20世纪90年代，他从家乡重庆开州南下广东，跨越2000多公里，寻找他人生的价值。多年的打拼，让他更加懂得了奋斗的青春才是最美丽的。他曾以全国纺织工业劳动模范的身份，站在了北京人民大会堂的领奖台上。

他叫雷春，原开县明星职中89级水电班毕业，现为广东省委宣传部《政工参考》杂志执行副总编辑、广东省作家协会会员、中国文化管理协会特邀研究员、文化和旅游部企业文化专家人才库成员、广东省企业管理咨询行业协会专家组成员。出版有长篇报告文学《玉清善行》、诗文集《生命中的那盏灯》，编著全国青少年爱国教育读本《勿忘国耻 圆梦中华》，策划香港罗氏家族大型人物传记《大我为先》等。

寻梦路上笔耕不辍

1971年，雷春出生在开县临江镇，父亲是高中语文教师，他从小就受熏陶爱写作，曾梦想着当一名作家。1989年，雷春从明星职中毕业后，接受父亲的建议学了一门裁缝的手艺。

白天，他跟着一位裁缝师傅学做服装。晚上，他就拿起笔熬夜写作，所写的文章陆续在各地报刊上发表。

人生除了生存，应该还有诗和远方。1993年，22岁的雷春跟着一帮老乡前往广东打工。凭着娴熟的服装手艺和较强的写作水平，他迅速在一家国营服装厂站稳脚跟。"当时应聘那个储备干部岗位的有30多人，我是唯一没有介绍人的应聘者。厂长看到我手写的简历后，特别看好我，就这样，我进了那家国营纺织服装公司做储备干部。"聊及当年的情景，雷春仍然有些激动。

在这个服装厂里，即便每天工作再累，雷春仍继续坚持写作。在那个百余人的大宿舍，他从包装部捡来废弃的包装带轴芯当小板凳，用床板当作书桌，坚持不停地写。就是在这样的环境中，雷春写出了很多优秀的作品。其间发表了大量有关打工题材的诗歌、散文和报告文学，并担任多家杂志社、报社的特约记者。

人生每天都是学习的过程。工作之余，雷春还通过参加全国成人高考，刻苦学习，最终取得本科学历和多种高级技能证书。

2003年春，雷春出版了他的第一部文集《生命中的那盏灯》，翌年，被重庆市作家协会吸收为会员，终于圆了他的作家梦、文学梦。

文化软实力助推企业发展

如何把文化转化为生产力，这是雷春一直思考的问题。渐渐地，雷春在工作上开始向宣传策划、企业文化管理靠拢，他自学了摄像、剪辑、编辑、排版等多种技能。

凭着扎实的文学功底和开阔的视野，由他带领团队编辑的企业杂志、报纸不但得到了读者好评，还被评为广东十大优秀企业期刊，他也因此获得广东省企业报刊优秀总编辑称号。在评奖会上，有评委这样评价，小报办成了大报风范。集团主席还亲自写信表扬他的刊物办得好，由他策划的企业文化项目，也得到了业内的广泛赞誉。

2010年，注定是雷春难以忘怀的一个年份。经过几个月的层层筛选，他被国家人力资源和社会保障部、中国纺织工业协会评为全国纺织工业劳动模范，在北京人民大会堂受到了隆重表彰。在这次的全国纺织工业劳动模范评选活动中，他是唯一的外来普通务工人员。

获知殊荣，雷春感慨万千："感觉曾经的付出没有白费，回过头来看，如果我只会写东西，今天也不能获得这个奖，如果我只会在车间车缝服装，今天也不能站在这个领奖台上。"

当上全国劳模，给了雷春更大的激励，他比以往更加努力工作，辛勤写作。不仅如此，他还遵照母亲的教诲，多做善事。他把上万元的奖金和稿酬全额捐给了基金组织，抽空慰问贫困老人。对于家境并不宽裕的他来说，公益就是一种善的表达，一种爱的情怀。当别人用不解的眼光调侃他的时候，他说："我不能既要名还要利，反哺社会，是理所当然的事！"

在前进的道路上，雷春洒下的汗水没有白费，几经磨砺，他终于在广东置家立业，日子过得红红火火。

新时代造就新思想

2011年，是雷春从企业打工走向自主创业的关键年。这一年，他将自己对企业文化的研究，付诸实践。他想让更多的企业培育出自己的企业文化因子。于是，他毅然走上了咨询顾问的道路。

起初，他尝试着中国合伙人的模式，与人合伙创办了一家咨询公司，由于市场疲软，咨询公司在经营半年之后，便友好地结束了。初尝创业失败的雷春，没有气馁，而是勇往直前。

一边工作一边写作，是他的常态。这一年，他的诗歌作品《幸福相约》获广东省委宣传部征文大赛一等奖，作品《我的中国梦·广东》曾获广东省委宣传部学习出版社联合举办的“我的中国梦”读书征文大赛一等奖。同时，他还被多家权威机构聘为智库专家。

2013年，他创办了一家传媒机构，并将自己对企业文化的深入研究，用在了公司的运营之中。他以帮企事业单位编杂志报纸起步，逐步涵盖企业文化管理咨询、公益广告宣传等，业务渐渐地做到了整个珠三角。

“当时和我一样爱写东西的人有很多，但他们都没有坚持下来。”雷春说，“人生机会有很多很多，我们应该抓住这样的机会，坚持一样自己感兴趣的东西，不断地多学新东西，把自己培养成一个复合型的人才，这样才有竞争力。”

不忘初心　方得始终

机会总是留给有准备的人。2015年春，雷春凭借自己的文学实力，走进了广东省委宣传部，担任思想政治工作杂志《政工参考》执行副总编辑，从组稿到编辑，从人物采访到文章撰写，从美编沟通创意到印刷发行……雷春每天仍像蜜蜂一样忙忙碌碌，他也因此成了思政领域的行家里手。

在繁忙的工作中，雷春仍然挤出时间坚持写作，2017年，他出版了长篇报告文学《玉清善行》(广东人民出版社出版)。2019年，雷春参加了家乡重庆市第二届法治文学征文大赛，其作品《山风拂来满眼春》在上千篇参赛作品中脱颖而出，获得二等奖。

“不忘初心，方得始终。”这是雷春对人生的感悟，也是他一直践行的人生价值观。20多年来，他一直坚持努力打拼、奋力前行，踏踏实实辛勤耕耘。他也因在企业文化建设方面所取得的成就，被国家文化和旅游部、中国企业文化管理协会聘为特邀研究员，入选国家文化和旅游部企业文化专家人才库成员。其个人事迹先后被《中国纺织服装周刊》《南方日报》《羊城晚报》《工人日报》《重庆商报》《开州日报》，新华网、人民网、广东电视台、中山电视台等媒体报道。

【点读】

“当时和我一样爱写东西的人有很多，但他们都没有坚持下来。”雷春说，“人生机会有很多很多，我们应该抓住这样的机会，坚持一样自己感兴趣的东西，不断地多学新东西，要把自己培养成一个复合型的人才，这样才有竞争力。”通过雷春的例子，我们不难看到坚持的力量。自信、自律，发奋图强、坚持不懈，这些才是成功的法宝。作为中职生我们要向校友大师兄学习，为自己美好未来添砖加瓦。

【阅读4】

严于律己好榜样，消防战线好儿郎

——记开州区职教中心优秀毕业生尹海林

尹海林，男，汉族，中共团员，1996年3月出生；2013年9月入伍，现任消防车驾驶员，腾飞路特勤中队班长。2014年参加四川省警察运动会荣立三等功，2015获得支队三等功，2015年被总队评为救援尖兵，2015年被部局评为优秀士兵，2017年6月参加茂县山体垮塌救援，2017年8月参加九寨沟的地震救援，2017年9月参加川南战区高层建筑灭火救援演练，2017年11月年荣获十九大安保嘉奖，2017年参加内江市支队比武，表现突出，荣立三等功。在2019年第十八届世界警察和消防员运动会某项目中获得第八名好成绩。

不忘初心，牢记使命

火灾作为一种突发性灾害，来势快，危害大。作为一名消防战士，尹海林深知火灾的严重性，所以，每一次出警，他都是第一个冲在前面，不错过一分一秒，牢记时间就是生命，不到最后不放弃的精神。每当看到遇难者家属悲痛的脸庞时，他都觉得无比的自责，他想如果自己能再提前几十秒或者一分钟，情况也许就会不一样。正是因为面对了太多这样的生离死别，所以每次警报声一响起，他都以自己最快的速度准备好，即使恐高，他还是坚持登上云梯去执行任务。因为他知道如果他不去，或许一个年幼的孩子就将失去他的家人，一对年迈的老人就将失去他们的子女，一个幸福美满的家庭就将不复存在。面临如此多的重担，他告诫自己一刻也不能松懈，无论多累、多困都要坚持。在他身上，有许多大大小小的伤疤，大部分都是出去执行任务时被烫伤的，但他自己从不在乎这些。只要顺利地完成任务，对他来说比什么都重要。

严于律己，做好榜样

尹海林自入伍以来，始终严格要求自己，无论在生活中还是在训练工作中，规范自己的一言一行，注重个人卫生，不抽烟不喝酒，给战友和新兵树立了一个良好的形象。在工作上，踏实奋进，吃苦耐劳，每天早上室友们起来的时候都能看见他的床上已经叠得整整齐齐的被子，无论什么季节，他每天都坚持早起跑步，增强自己的体能。对一名消防战士来说，时间就是生命，知道自己在登楼方面的速度较其他战友落后，他便下定决心要改善自己的不足，在每天大家午休的时候，他便默默扛着水袋，进行一遍又一遍的登楼训练。坚持两个月后，他不仅克服了自己的弱项，还在当年进行的全市消防运动大会中，获得了登楼项目的冠军。

谦虚好学，成绩斐然

面对自己第一次带兵，经验不足、缺少方法等问题，尹海林积极向有经验的老同志请教，不断完善自己，将训练中出现的一些问题积极与其他班长讨论、沟通，寻找解决方法，同时将自己在带兵过程中的收获积极与战友们分享，取长补短。面对新兵易松懈、身体素质差、浮躁等问题，他都很有耐心地进行开导，并手把手纠正他们的不规范动作，同时告诉他们在平时的生活中积极参加一些团队活动和体能训练来增强身体素质。最终，在他的带领下，战士们团结一心，振奋精神，在各个方面均走在了全营的前列。

帮助他人，乐于奉献

作为家里的大哥哥，父母心中懂事的儿子，尹海林从小就被教育要尊重他人，遇人有困难时要力所能及地伸出援手。在所在班的新兵眼中，他就像一位亲切的大哥一样关心新兵战士的衣食住行，每次战士们在生活上有什么需要时，他都努力地帮忙解决，一位从海南过来的士兵因为不适应这边寒冷的气候，经常感冒，他知道以后，便毫不犹豫地把自己的一床被子给了他，他说："我身体素质好，不怕冷。"自己晚上则只好在一床夏天的被子上搭上军大衣。在平时的生活中，他为人谦和，礼貌亲切，每次坐车遇到有人提着大行李时，他都会上前帮忙，说自己力气大。其实他的左手在一次打篮球中脱臼，导致后来在提重的东西时，都会有一些不适，但对他来说，这些都没有什么，他说："作为一名军人，怎能不吃苦，为人民服务是我们光荣的使命。"

不骄不躁，服从领导

在取得了一系列成绩后，尹海林依旧保持着谦虚谨慎的态度，在训练中不懈怠，不偷懒，扎实地一步一个脚印；认真完成上级领导分配的工作任务，带领班级取得了一个又一个不错的成绩，获得了战士们的认可与信任。作为一名班长，他深知自己的责任重大，不仅要做好带头人，提高自己，还要鼓励全班战士一起奋斗，一起努力，做好人民子弟兵，为祖国的消防事业做出更伟大的奉献。

【思考】

1. 机会总是留给有准备的人，读了优秀学长们的事迹，你有何感想？

2. "不忘初心，方得始终。"这是雷春对人生的感悟，也是他一直践行的人生价值观。对此，你如何理解？

【践行】

"自律自信——做最好的自己"主题班会设计

一、指导思想

认识自我，悦纳自我，建立自信心，以健康的心态面对人生，迎接挑战，做最好的自己！

二、主要形式

才艺展示、小品、朗诵、讲故事、讨论交流、谈体会。

三、活动准备

1. 由班委会确定2名主持人，成立筹委会，在班主任的指导下组织排练。

2. 请有特长的同学准备好各自的绝活，尤其要注意让那些平日默默无闻的同学有机会向大家展示他们的才华。

3. 系列周记：我的10个优点和10个不足；针对优缺点如何扬长避短，做最好的自己；留心其他同学的长处，以欣赏的角度看待周围事物，多多挖掘闪光点。

4. 班主任认真审阅，了解学生的真实声音；请家长、任课老师参与，谈谈除了好成绩守纪律之外孩子的优点。

5. 布置教室，写上"'自律自信——做最棒的自己'主题班会"。

四、活动内容

1. "我"是谁？进行才艺展示，表现特长：琵琶独奏、自编街舞；两位上台表演者都是平日在班级不声不响、默默无闻的学生，他们为能在大家面前一展自己的才华而感到由衷的高兴。（自传《我的故事》分享，10个优缺点分享）

2. 同学谈谈眼中的"我"，互相肯定、展示大家的优点。一个人要学会欣赏自己，建立自信，还需借助外力的作用。

3. 故事分享：《昂起头来，很美》《井中的驴》。每个人身上总有一些积极的东西，也有一些消极的东西，这其中当然有先天的因素，但积极与消极比例的大小，我们却可以改变。我们每个人都有着很大的可塑性，当我们意识到自身存在的不足时，就要采取积极主动的方式加以克服。

4. 班委、同学发言讨论，怎样做最棒的自己。我们每个人都是立体多面的。正所谓金无足赤，人无完人。学会以正确的方法去评价他人，同时应该积极树立起自信心，自信自律就一定能塑造最好的自我。

5. 班级风云人物"Top10个性学生"评选。在充满自信与欣赏的氛围中，对今后的努力方向提出要求与设想，相信我们的学生富有各自的个性特点，在不断的努力中一定能做得越来越好，在成长中不断超越自我，让自信的生命变得更加多姿多彩。

【拓展】

关于执着的名人名言

1.锲而舍之，朽木不折；锲而不舍，金石可镂。 ——《荀子·劝学》

2.非知之难，行之惟难；非行之难，终之斯难。 ——《贞观政要·慎终》

3.只要坚持积极的理想，就能产生奋斗的勇气。 ——舒勒

4.如果我坚持什么，就是用大炮也不能打倒我。 ——巴甫洛夫

5.伟大的作品不是靠力量，而是靠坚持来完成的。 ——约翰逊

6.十九次失败，到第二十次获得成功，这叫坚持。

7.成大事不在于力量的大小，而在于能坚持多久。 ——约翰生

8.坚持我们誓守的唯一真理——神圣的个人操守。——李奥·贝纳

9.我真的觉得运动很棒，是每个人都该坚持的事！

10.感觉真实的音乐，认真和坚持是非常有必要的！

11.跬步而不休，跛鳖千里；累土而不辍，丘山崇成。——《荀子·修身》

12.千仓万箱，非一耕所得；干天之木，非旬日所长。——《抱朴子·极言》

13.河冰结合，非一日之寒；积土成山，非斯须之作。——《论衡·状留篇》

14.坚持不让权宜之计取代原则，不让浮夸掩盖事实。——李奥·贝纳

15.我们在坚持工作之外，还必须养成坚持休息的习惯。——梅兰芳

16.能够岿然不动，坚持正见，渡过难关的人是不多的。——雨果

17.胜利者往往是从坚持最后五分钟的时间中得来成功。——牛顿

18.有为者，辟若掘井；掘井九轫而不及泉，犹为弃井也。——《孟子·尽心上》

专题三　守正创新，与时俱进

【解读】

守正是指恪守正道，胸怀正气，行事正当，追求心正、法正、行正。创新是指勇于开拓，善于创造，懂得变通，不断推陈出新。创新是一个民族进步的灵魂，是一个国家兴旺发达的不竭动力。创新是时代精神的重要内涵，实现中国梦必须弘扬以改革创新为核心的时代精神。守正与创新共生互补，辩证统一。守正是创新的根基，发挥主导；创新是对守正的补充，二者相辅相成。与时俱进是指准确把握时代特征，始终站在时代前列和实践前沿，始终坚持解放思想、实事求是和开拓进取，在大胆探索中继承和发展，观念、行动和时代一起进步。作为职业院校的青年学生，要坚持德技双馨的学习目标，心怀正气，遵纪守法，开拓创新，终身学习，把自己培养成品德高尚、技术过硬的现代工匠。

【阅读1】

三个和尚的故事

三个和尚的故事大家都听过：一个和尚挑水喝，两个和尚抬水喝，三个和尚没

水喝。话说有三座庙，每座庙里都有三个和尚，每座庙都离水源较远。第一座庙里，三个和尚商量后决定分三段接力，轻松地把水缸挑满了。第二座庙里立了庙规：挑水最多的，吃晚饭时加一道菜；挑水最少的晚上只能吃白饭。于是大家争先恐后地去挑水，一会儿就把水缸挑满了。第三座庙里，三个和尚把山上的竹子砍下来，接在一起做成管道，让水自动留到水缸里。

面对吃水难的困境，第一座庙里采用的是方法创新，第二座庙采用的是管理创新，第三座庙里采用的是技术创新，结果他们都从过去的喝不上水变成了现在的水喝不完。

【点读】

创新是时代的脉搏，唯有创新，才能解决新时代的新问题，产生推动时代发展的巨大动能。通过改革创新，三个和尚各自发挥聪明才智不仅解决了吃水难的问题，还创造性地发明了新的方法，利用新工具解决了新问题，这些创新思维都值得我们认真学习。

【阅读2】

许刚：电商行业的领军人

——记我校97级计算机专业毕业生许刚

他创业多次，也失败多次，最终苦尽甘来，成为广东中山市电商行业的领军人。

他叫许刚，原开县汉丰职中97级电子计算机专业毕业，现为广东省中山市多果电子商务有限公司总经理、中山市十点钟文化传媒有限公司总经理。

学以致用，涉足家电业

1997年许刚从原开县汉丰职中毕业，在开县乡镇企业供销公司从事家电维修工作。“虽然职高专业是电子计算机，其实主要学习的都是家电维修技能，也算学以致用。”回忆人生的第一份工作，许刚一直感激当年职中所学专业打下的基础。

在国营单位的四年间，许刚参与了国内几乎所有家电大品牌的系统培训，并分别获得上岗合格资格证书，1999年还获得海尔电器全国制冷设备维修技能大赛二等奖。

“对维修这块已基本熟悉，何不自己创业当老板?”许刚萌发了自主创业的念头。

2001年1月，23岁的许刚辞去公职，在老城外西街开了一家家电维修店。

2002年5月，许刚在为客户维修空调时受重伤，足足在家养了两个月，店铺关门歇业，一向疼爱他的母亲意外去世。那些日子，许刚情绪特别低落，一气之下关掉了维修店，并毁掉了所有价值不菲的维修工具，他在心中暗暗发誓，此生不再以维修谋生，要干一番大事业。

为寻求发展，许刚报考了上海一家函授大学的广告装潢专业，每天闭门在家看书，在电脑上学习设计软件。“足足学了半年，那段时间很认真，每天学习时间都在8小时以上。”

2003年，开县县城正开始大规模建设，许刚寻机与几个朋友友合伙在新城开了一家装潢公司，由于经营不善，生意一直清淡。

那两年，许刚结交了不少社会上的朋友，听人介绍餐饮业有前景，他立即转让广告装潢公司与几位朋友合伙转向餐饮业。但隔行如隔山，加之餐厅地段偏僻，生意一直冷清，没多久就关门歇业。许刚之前的积蓄打了水漂，还欠了不少外债。

“那时候因为年轻，这山望着那山高，做事缺乏恒心。”回忆早年的创业经历，许刚常常反省。

南下广东寻机遇

2007年，许刚与一位朋友到广东佛山，他决定从事熟悉的家电行业。他们租了一间小小的铺面，起草摸黑地经营。经过不懈努力，次年终于拿到河南新飞小家电品牌的销售权，在陌生的异地他乡慢慢站稳了脚跟。

为扩大规模，2010年6月，他们在佛山顺德等地开设了电压力锅、电磁炉、电热水壶的生产工厂，生产销售新飞、红双喜等家电品牌，当年度销售额破4000万元。2011年年初签约了奥克斯集团下这三类小家电的全国独家销售生产权，当年度销售额破7000万元。2011年年底，成立电子商务部并兼任负责人，开设奥克斯小家电天猫店，半年时间，成为全网电热水壶销量第1名，月销售额破300万元，2012单网络销售额近3000万元，公司销售额破亿。

来广东6年，许刚不仅还完了之前欠下的外债，还获得了良好的经济效益。正当他准备进一步大展宏图时，一场突如其来的意外让他之前的努力全部付之东流。

公司合伙人动用支票1000多万元开付给供应商，携款3000多万元跑路，导致资金链断裂。

怎么办？怎么办？许刚欲哭无泪，终日借酒消愁，万念俱灰。

抢占商机，东山再起

"在哪里跌倒，就在哪里爬起，我不能就此颓废。"经过一段时间的沉沦，许刚决定从头开始。

随着网络经济的发展，整个就业市场对电子商务专业方向的人才需求量激增，一些职业学校开设电商专业，开始注重校企合作培养人才的模式，大力培养电商人才。许刚看准市场，决定继续从事家电电商行业。

2014年，中山市东凤理工学校寻求电子商务校企合作企业，许刚通过朋友引荐，与该校达成协议，成立了中山市多果电子商务有限公司，入驻学校成为校中企。他对电子商务工作室的学生进行专项培训，从淘宝店和微信朋友圈的特点、培育，到顾客的交流，产品功能都对学生进行了详尽介绍，让学生对产品的营销活动有了一个全新而深刻的认识，不断提高了学生对电子商务营销理论的认识和营销技巧的掌握。

2015年，多果电子商务有限公司自建移动电商商务平台，开始连续三年举办市荔枝节网络营销活动，全市中高职师生参与人数达到4000余人，在中山市开辟了农村电商的新篇章。

许刚的事业迎来上升期，他先后在天猫、淘宝、京东、拼多多等多个平台开设了店铺，与容声、迪士尼、华帝等多个品牌公司达成电子商务品牌销售合作，为中山市电器产业转型做了大量有效的尝试。

与此同时，许刚还与中山市沙溪理工学校合作共建文化传媒工作室，每一学期为学校培养100多名高水平电子商务人才，得到国家教育部职成司原司长的大力赞赏，先后接待过近150批次来自全国各地的兄弟院校、政府部门参观。与沙溪理工学校合作的案例被撰写成课题，获2019年广东省职业教育教学成果奖二等奖。

苦心经营结硕果

从2014年至今，多果电子商务有限公司先后与中山市多所职业学校建立校中企工作室，对产教融合、校企合作做了大胆的尝试。在不断研发电商软件产品，适应企业需求的同时，为中山培养了近5000名高素质的农村电商、视角电商运营、影视、平面设计的技能人才。作为优秀的电商服务商，多果电子商务有限公司为中山市传统家电产业、服装产业转型升级提供技术支持和咨询服务，运营至今共为中山市服务过100多个品牌企业，为品牌企业创收达10亿元，也因此获得市工信局、沙溪经贸局的高度赞赏。

2018年10月，许刚成立了中山市十点钟文化传媒有限公司，从电商运营销售升级成为综合影视视频、短视频直播、平面设计、电商运营、网络推广业务等的互联网公司，为各大中小企业、品牌商、电商店铺提供视觉呈现以及推广服务。目前，服务国内外品牌多达300个，与全球知名企业——环球资源——成为短视频制作年度合作伙伴，与国内大数据品牌企业——星环科技——成为AI（人工智能）大数据广东战略合作伙伴，成为今日头条中山运营中心。

机遇只垂青于那些有准备的人。2019年，许刚作为创业导师，协助工作室学生团队参加第五届“互联网+”大学生比赛，荣获银奖一项、铜奖一项，同时获得广东省厅颁发的优秀组织奖。他还参编了多部中高职电子商务类教学教材，在职业教育和促进区域经济发展方面形成一定的影响。

【点读】

“有志者，事竟成，破釜沉舟，百二秦关终属楚；苦心人，天不负，卧薪尝胆，三千越甲可吞吴。”许刚从一个中职毕业生成长为中山市电商行业的领军人，这一华丽的转身背后是无数次的努力与失败，但他越挫越勇，从未放弃对美好未来的追求，经历过无数的风雨，终于见得彩虹！他的经历告诉我们：要善于抓住机遇，与时俱进，勇于开拓，善于创造，懂得变通，不断推陈出新，才能在社会这一考场上交出完美答卷。作为我们的校友，他身上有很多我们可以借鉴的宝贵经验。

【阅读3】

周晓林的创业路

——记我校优秀毕业生周晓林

周晓林，我校2007届计算机专业毕业生，重庆开州航航电脑科技有限公司总经理。曾获2016—2017年度优秀个体工商户、信息技术行业先进个人等荣誉称号。在母校众创空间的帮扶下于2010年创业，在众创空间销售平台上建立了自己的网店，现有员工10名（其中有职教中心的毕业生6名），年营业额在100万元左右，目前运营良好。2015年开办月琴鲜花实体店，同时注册淘宝网店、微店，开展网上订花业务，先后入驻百度糯米、美团、花集、人人鲜花网、爱花居、美团外卖、百度外卖、饿了么等相关平台；2016年注册电竞网咖，在服务方式与特色上下功夫，短短1年时间又创建4家。随着企业的逐步壮大，众创空间的电商平台又在帮其加大推广力度，他的团队厉兵秣马争取今年（2017年，编者注）营业额再翻一番，同时吸收更多的学弟学妹前来就业。

【点读】

周晓林的创业之路虽然没有许刚那么丰富曲折，但是也充满了艰辛。他充分发挥自己所学专长，积极搭建人脉，丰富商场阅历，积极创新，与时俱进，及时改变经营策略，大力发展电商业务，使自己的公司在短短的几年内业务量大增，且积极帮扶学弟学妹前来就业，一方面充实自己的团队力量，另一方面也解决了一部分学生的就业问题。作为新时代的年轻创业人，周晓林是可敬的。

【阅读4】

让更多人知道家乡美

——记三里河旅行社有限公司经理周成芳

初中毕业时，品学兼优的周成芳在志愿表上毅然选择了开州区职业教育中心，让众多师生瞠目结舌。在学校，周成芳担任学校广播员、主持人、演讲选手，并积极参加学校的社会活动。在一次次的挑战中不断地成长。周成芳视野越来越开阔，思维越来越活跃，语言功力越来越强。从最初面对几百人演说便紧张万分，到最后竟能在成千上万的观众面前口若悬河。毕业后，周成芳鼓足勇气参加了全国导游资格考试。凭借着自信和出众的口才，最终在数千名考生中脱颖而出，如愿成为众人羡慕的导游员，成为重庆城的民间大使。

几年的导游生涯让周成芳意识到，旅游业的发展，对当地经济的发展的重要性。就在那时，她萌发了自主创业的念头，想回到家乡成立专门的旅游公司，推动家乡经济的发展，让更多的人饱览家乡的秀美山水。

2007年，周成芳毅然背起行囊，回到久别的家乡，创办了颇具本地特色的第一家旅行社。凭借着多年的导游经验和学生时代积累的功底，周成芳克服了诸多困难，终于走上了成功的道路。4年来，公司先后成功接待了市内外数十个大型的旅游团体来开州游览，推动了我区餐饮业、酒店业的发展。如今，在开州大地上，随时可以见到来来往往的旅游车，在宾馆、餐厅里，也频频出现外地游客的身影。

周成芳回报家乡的故事传遍开州，因此被区团委评为“开州十大杰出青年”，并当选为区第十二届政协委员、第十三届政协常委。

在开州电视访谈节目《政协视线》的录播现场，周成芳动情地说道：“我能有今天，完全得益于当年的选择。职教中心，真的是人才培养的摇篮。”

周成芳职业生涯规划

梦想宣言：让每一位来开州旅游的游客都由衷地感叹；不到长城非好汉，不来开州真遗憾!

梦想描述：

15年前，我大学毕业，考取了全国导游资格证，成为重庆主城区的民间旅游大使。几年的带团过程，使我逐渐意识到，旅游业的发展，对当地经济有着巨大的推动作用。于是我想起家乡开州，那里也有丰富的旅游资源，可旅游业几乎是一片空白。为此，我希望回乡创业，通过不懈努力，使开州的旅游业成为重庆市乃至全国旅游的一张名片。

浓浓的乡情，催促我在2007年毅然回到故乡，创建了三里河旅行社。从大都市到小城镇重新创业，这条路注定是艰辛、曲折而漫长的。但我始终坚守：好女儿志在家乡，既然选择了前方，便只管步履不息，风雨兼程。

阶段目标：

有梦想，就要有行动。在通往梦想的道路上，我为自己制定了如下阶段性目标。

近期目标：2007—2010年，旅行社成立3年内，迅速了解、掌握家乡的旅游资源，率先占领本地旅游市场。

中期目标：2010—2015年，旅行社成立8年内，切实做好区内外的旅游宣传推介，组团人数和规模涨幅显著。

远期目标：2015—2022年，旅行社成立15年内，继续努力，将公司做大做强。

为了逐步实现各阶段的目标，我为自己制定了以下措施。

三年内，创办三里河旅行社，加强与本地宾馆、餐饮等相关行业的联系，逐步完善旅游接待要素；利用现有的红色旅游资源，精心策划线路，开展地接业务；推介国内精品旅游线路，启动本地组团旅游。

创业初期，我吃住都在办公室，一日三餐以面条、米线充饥。与大多数女性相比，我的条件太过艰苦。但我深知，只要坚持不懈，困难就是暂时的。我在QQ个性签名档上说：“既能睡地板，就能做老板。”

2007年，来自重庆大学的上百名游客走近了帅乡。开州区电视台、开州报社派出多名记者全程报道。电视台还专门为我制作了电视专题片《开县旅游的拓荒者》。

第一批游客的到来，让我大受鼓舞。开州旅游大有可为！2008年，开州移民新城被重庆市政府授予“新巴渝十二景”的称号。旅游环境极大优化。旅行社适时推出了“魅力开州一日游、两日游”；到2010年，旅行社已累计接待20个团队，实现了经济、社会效益双丰收。近期目标顺利实现。

近年来，开州的旅游业已发生了质的飞跃。我也抓住这有利的时机，精心接待每一个来开的团队。由于开州导游员紧缺，许多时候，我都是亲自接待。同时利用自身的写作特长，在市内报刊、媒体上发表大量推介开州旅游的文章。2011年，我受开州区旅游主管部门的邀请，担任了第一批地方讲解员的培训师。多次带领学员实地考察线路，撰写开州境内导游词。旅行社成立8年，成功接待了市内外上百个大型的旅游团队，为我区宾馆、餐饮，运输等行业的发展增添了动力。中期目标正在稳步实现。

坚实的步履正带我一步步实现梦想，下一步在旅行社成立15年内，我将努力开拓更大的市场，购置一辆旅游大巴，增强组团、接团的能力。在条件成熟的周边区县开设开州旅游专线。正确把握消费者的需求，积极与本地其他旅行社联合抱团开发新产品，加快“互联网+旅游”的开发，做到实体经营与电子商务的同步协调发展，为我区旅游产业进一步做大、做强，贡献自己的力量！

【点读】

三里河旅行社作为开州旅游界的知名品牌，是周成芳心血的结晶。她成功地把自己和自己的企业推销了出去。作为职校毕业生，周成芳没有停下探索的脚步，她继续读完大学，具备了创业的基本条件，有了创业的计划，从自己熟悉的领域做起，学习了必要的企业管理和法律知识，提高了适应环境的能力，脚踏实地，不好高骛远，保持了良好的心态，量力而行，最终实现了自己的理想。她的案例告诉我们：创业要选择自己熟悉的领域，要有明确的人生定位和良好的心态，要吃得了苦，要有市场的挖掘应变能力，方能成功。

【思考】

1. 谈谈你对许刚“在哪里跌倒，就在哪里爬起，我不能就此颓废”这句话的理解。

2. 周成芳的创业经历中，哪些地方体现她守正创新、与时俱进？

3. 谈谈你的职业生涯规划，并把它写出来。

【践行】

主题班会：家庭“创业史”

一、活动目的

培养学生创业意识、劳动精神

二、活动形式

1. 征文
2. 演讲

三、活动要求

1. 请爷爷奶奶、外公外婆讲一讲他们那一代的“创业”故事，并把它记录下来。
2. 请爸爸妈妈讲一讲他们的“创业”故事，并把它记录下来。
3. 讲一讲自己现在的学习、生活和劳动等情况，为未来“创业”做准备。
4. 学生开动脑筋，分组做活动奖品或奖状。
5. 成立学生评审团针对演讲和征文进行评选，分类评选优胜者。

【拓展】

我的人生，我描绘

重庆市开州区职业教育中心　2011级幼师专业　谭洁

引　言

人生是一幅画，用心描绘才会色彩斑斓。这幅画只能自己去完成，谁也帮不了忙。我要用我手中的画笔，来描绘我多彩的人生。用激情画笔写生活，水墨丹青绘人生。无声风雨路，画笔绘人生，用彩色装点人生，用画笔描绘未来。

观察分析　No.1——析自我

成功的第一步，是要自知，因此对自我的分析是职业生涯规划的基础。

	优点	缺点
自我评估	1.生活积极乐观、充满自信 2.自学能力强 3.有坚持不懈的精神	1.不够成熟稳重 2.对未来过于理想化
老师领导评估	1.基础知识扎实，成绩良好 2.待人热情，同学关系非常好	1.只做感兴趣的事 2.有时过于自信
父母家人评估	1.生活节俭，不与人攀比 2.孝顺、关心他人	1.脾气有点犟 2.不够健谈
同学朋友评估	1.对人诚恳，乐于助人 2.敢于实践，动手能力强	1.做事有些冲动 2.对自己要求过于苛刻

确立构图　No.2——析环境

（一）家庭环境分析

我的父母在家开了一家小超市，收入一般。我父亲曾是一名代课老师，他喜欢教师这个职业。父亲教会我"滴水之恩，涌泉相报，做事要有恒心"等做人做事的道理。在他的影响下，我也喜欢上了教师这个职业。

（二）学校环境分析

我就读的重庆市开县职业教育中心是国家级重点中职学校、全国先进教育集体，是第二批国家中等职业教育改革发展示范学校项目学校。有先进的办学理念：修身、养德、强技、立业。我所选择的幼师专业更是我校的骨干专业，是示范校三个重点建设专业之一，有良好的硬件设施，如我们有专业的琴房、形体室、声乐室、机房等；有优良的师资队伍，他们和蔼可亲，认真负责，专业素质过硬。在这里，能学到更多从事幼儿教育的实用知识，能力也会得到很大的提高。

（三）社会环境分析

现在社会上幼儿教师比较紧缺，国家要提高幼儿入学率，还需大量的幼儿教师。在我县，幼儿教师队伍总体素质偏低，我作为一名专业的幼儿教师，发展前景较好。

确立色调　No.3——定目标

古人说："千里之行，始于足下。"只有从具体的一个个阶段目标出发，才能一步一个脚印地前进。在认真分析自身主客观条件的基础上，根据自己确定的长远目标，我为自己确定了以下发展阶梯。

（一）近景——近期目标

2013年7月，成为优秀中职毕业生，完成专科自学考试，获得普通话二级甲等证书、计算机初级证书，书法达到7级，考取幼儿教师资格证书，争取进入办园理念先进的优质幼儿园工作。

（二）中景——中期目标

2019年，成为优秀幼儿教师，考取计算机中级证书，获得中级教师资格，力争进入幼儿园管理层。

（三）远景——长远目标

2026年，创建属于自己的独具特色的有一定规模的幼儿园，让家乡父老乡亲的孩子赢在起跑线上。

深入刻画No.4——定措施

现实是此岸，理想是彼岸，而行动就是架在它们之间的桥梁。目标再远大，没有具体措施，都只是遥不可及的空中楼阁。因此，为实现目标，我制定了如下具体措施。

（一）实现近期目标的措施

珍惜在校生活，苦练基本功，积极参加班校组织的各种活动，力争成为一名优秀中职毕业生。

1. 长期计划

（1）在校学习期间打好文化课和专业课基础。在校期间苦练基本功，弹、唱、跳、画方面达到一名优秀的幼儿教师的专业素质要求。

（2）每天早读练习普通话，多听新闻联播，向播音员学习普通话，争取在2012年5月份考取普通话二级甲等证书。

（3）参加自学考试，2013年拿到专科学历。同时，多了解和学习有关幼儿教育与管理的知识和经验。

（4）积极参加学校的兴趣小组活动，并参加技能大赛，让自己的专业水平得到发展。

（5）寒暑假到幼儿培训中心见习，获得一定实践经验。

（6）取得教师资格证，争取得到学校的推荐去优质的幼儿园学习和实践。

2. 我的周计划

（1）早上6：00起床，洗漱完后，运动半小时；早餐后背专业课的基本概念（周一、三、五）或练普通话（周二、四）；7：30至8：00，视唱练耳。

（2）下午课间时间，周一至周五依次练习钢琴、书法、舞蹈、绘画、电脑技术。

（二）实现中期目标的措施

首先，做好“学校人”到“职业人”转换，先到幼儿园就业，将心态放平，从基础做起，多向富有教学经验的搭班老师学习，以老教师为榜样借鉴、内化，争取尽快提高自己的教学能力。与此同时，自考本科阶段课程，拿到学前教育本科学历证书和教师资格证。在实践中努力提高自身的职业素质，使自己成为领导满意、家长放心、孩子们喜欢的优秀幼儿教师。

然后，到规模较大的幼儿园应聘，在新工作环境中不断学习。不仅要向有经验的老师学习，还要关注国内外幼教信息和专业理论，通过幼教刊物、多媒体技术、观摩、听讲座等，汲取幼教方面的新知识、新技能，开创一种属于自己的教学理论；成为幼儿园的骨干教师，参与幼儿园的管理，在实践中丰富经验，为创办幼儿园做准备。

（三）实现长远目标的措施

考察幼儿园的办学地址，确定办学规模，了解各种办学的规章制度和流程，申请办学执照，获得教育部门的批准，使幼儿园的环境、卫生等设施达标。聘请专家指导完善教育教学设施，确定自己的办学特色，在社会上公开招聘专业的幼儿教师。初次实现招生，先以小班为主，与家长、社区合作交流，广泛搜集各方面的意见与建议。配合我的人脉和父母的帮助，多种途径大力宣传办学理念、办学宗旨和办学条件，提升我所创办的幼儿园知名度。

组织幼儿园的老师们到外地学习先进的教育教学理论和先进办园经验，在幼儿园内开展教育讲座、专题研讨、教育反思，提高教育理论水平，得到家长、社会的认可。总结办园过程中存在的不足之处，积极改正，敢于创新。增加招生人数，扩大招生规模，严格管理，向着一流幼儿园的标准迈进。使幼儿园成为优秀幼师专业学校实训基地，让优秀幼师专业的学生到幼儿园实习，最后留在幼儿园工作，使我创办的幼儿园成为我县甚至我市一流的幼儿园，为家乡父老的孩子提供优质教育。

修改画面　No.5——做调整

俗话说：计划不如变化快！周围的环境随时在变，我自己也会变，以上的计划并非一成不变，应搜索相关的信息，及时了解行业动态，对计划做适时、适当的调整。我将在实际运作中找错，核错，抗挫，根据实际情况制定应对措施。但无论情况怎样变化，我都会坚持我的长远目标不变，因为我坚信我的选择没有错。

装裱完善　No.6——做小结

纸上的画要用心画才会漂亮，人生的路要用心走才会精彩。职业生涯规划让我对未来充满希望，引领我描绘出我的精彩人生。我更坚信，我描绘的，不仅是一幅画，而是我未来精彩人生的真实写照。

为了自己的梦想，我会脚踏实地践行规划，即便有太多痛楚，我都会迎来展翅高飞的那一刻，自由自在地翱翔于天空，展现我的精彩人生！

（注：本文获得2012年全国文明风采大赛职业生涯规划类国家级一等奖，指导老师李云）

专题四　分工合作，共进共赢

【解读】

分工合作是指既要分工明确，又要互相沟通、协作，以达成共同的目标。工作中分工合作的重要性体现在：一是可以发挥整体效能，提高工作效率。二是能充分发挥每个人的特长优势。分工合作令每个人根据自己的专长去完成相应的工作，使每个部分的工作都能相对尽善尽美。三是可以弥补个人的不足。很多工作是个人无法完成的，即使完成了也不能有很好的效果。《西游记》中虽然唐僧师徒四人每个人都有不足，但最终取经成功，正是分工合作弥补了各自的不足。四是团队精神和团队氛围会产生强大的动力。古语说近朱者赤，近墨者黑，一个好的氛围对人的影响是巨大的，好的团队氛围可以使每个成员都心甘情愿地尽自己最大的努力去完成工作，工作效率自然也就提高了。

【阅读1】

从打工者到老板的华丽转身

——记鹏程家电有限公司总经理阳丹

我是职教中心2004级电子技能班的毕业生阳丹，现工作于开州区鹏程家电有限公司，任职总经理。我于2001年进入职教中心，通过在校三年的技能学习和实践，顺利地通过了毕业考核，原本想以后踏入社会找份稳定的工作有份稳定的收入；2004年4月，经学校推荐来到了开州的一次招聘大会上，被鹏程家电商场录用，开始电器销售工作。我学的是电子专业，对电器维修和产品电子元件结构相比公司其他新人更加了解，所以很快被老板作为重点培养对象。在公司不到两年的时间，我就晋升为公司生活电器部的主管，第一次做管理的我十分珍惜这种机遇。在接下来的工作中我尽心尽力，终于不负众望，业绩上涨，还赢得了老板的信任和提拔，上班第五年，我正式荣升为商场经理，虽然压力越大，动力也越大，慢慢地，我摸索出了一套适合自己的工作理念和见解。

我有今天的成绩离不开母校对我的培养，使我在工作中迅速掌握电器产品领域知识，相比其他同事来讲我算是赢在了起跑线上。我也相信，付出总会有回报。终于，在我进入公司的第九个年头，公司老板看重我的发展潜力和斗志，决定把公司30%的股份转给我。就这样，我正式成为鹏程家电商场经营合伙人，担任鹏程家电有限公司总经理一职，从一个打工者变成老板。成为合伙人后，我倍感压力，因为经营好公司成为我不可推卸的神圣使命。通过所有员工的不懈努力，公司的年销售额顺利突破千万大关，成为开州区私营零售家电卖场的前两强。

时至今日不忘感恩，因为我当初选了一个好的专业，才铸就了我成功的风帆，真的是"海阔凭鱼跃，天高任鸟飞"；短暂的三年在校学习也有可能成就你的鸿鹄之志，我也衷心地感谢职教中心对我的教育和帮助，也祝愿我的母校能够培养出更多的优秀人才回报社会，为更多的学子谱写完美的人生篇章！

【点读】

在公司上班不到两年的时间就被晋升为公司生活电器部的主管，上班第五年就正式荣升为商场经理，在进入公司的第九个年头，正式成为鹏程家电商场经营合伙人，担任鹏程家电有限公司总经理一职。如此的晋升速度对一个只有中职学历的人来说，确实不易。是什么让阳丹不到十年时间就实现了从打工者到老板的华丽转身呢？答案就是分工合作，共进共赢。学会合作，发挥团队精神，发挥各自优势，让大家在共同目标的指引下，全力合作实现利益最大化，这也是他成功的秘诀。

【阅读2】

团队合作案例三则①

案例1

在一片森林里，有两个好朋友狮子和熊，他们常常在一起打猎。这一天，目光敏锐的狮子发现了山坡上有只小鹿，狮子正要扑上去，熊一把拉住说："别急，鹿跑得快，我们只有前后夹击才能抓住它。"狮子听了，觉得有道理，他们就分别行动了。

鹿正津津有味地啃着青草，忽然听到背后有响声。他回头一看：啊呀，不得

① 案例来源：https://www.360kuai.com/pc/9d2c8b6c936403598?cota=4&tj_url=so_rec&sign=360_57c3bbd1&refer_scene=so_1。

了！一只狮子轻手轻脚向他扑过来了！鹿吓得撒腿就跑，狮子在后面紧追不舍，无奈鹿跑得太快，狮子追不上。这时熊从旁边窜出来，挡住鹿的去路。他挥着蒲扇大的巴掌，一下子就把鹿打昏了。狮子随后赶到，他问道："熊老弟，猎物该怎样分呢?"熊回答："狮大哥，那可不能含糊，谁的功劳大，谁就分得多。"狮子说："我的功劳大，鹿是我先发现的。"熊也不甘示弱："发现有什么用，要不是我出主意，你能抓到吗?"

狮子很不服气地说："如果我不把鹿赶到你这里，你也抓不到啊!"两人你一言我一语争个不休，谁也不让谁，都认为自己的功劳大，说着说着，两人就打了起来。

被打昏的鹿逐渐醒了过来，看到狮子和熊打得不可开交，赶紧爬起来，一溜烟逃走了。当他们打得精疲力竭回头一看，鹿早不见了。熊和狮子你看我，我看你，后悔地直叹气。

这是一则很经典的职场故事，狮子和熊懂得一起合作抓捕猎物，但是最后还是因为缺乏对彼此的信任而让到手的猎物白白逃走了。

案例2

一个外企招聘白领职员，吸引了不少人前去应聘，应聘者中有本科生也有研究生，他们都很聪明、博学多才，是同龄人中的佼佼者。聪明的董事长知道这些学生有渊博的知识为后盾，书本上的知识是难不倒他们的，于是公司人事部就策划了一个别开生面的招聘会。

招聘会开始了，董事长让前6名应聘者一起进来，然后发了15元钱，让他们去街上吃饭，并且要求必须保证每个人都要吃到饭不能有一个人挨饿。

6个人从公司里出来，来到大街拐角处的一家餐厅，他们上前询问就餐情况，服务员告诉他们虽然这儿的米饭面条价格不高，但是每份最低也得3元，他们合计，照这样的价格，6个人一共需要18元钱，可是手里只有15元，无法保证每人一份，他们垂头丧气地出了餐厅。

回到公司，董事长问明情况后摇了摇头说："真的对不起，你们虽然都很有学问，但是都不适合在这个公司工作。"

其中一人不服地问道："15元怎么能保证6个人全部吃上饭?"

董事长笑了笑说："我已经去过那家餐厅咨询过，如果5个人或者超过5个人去吃饭，餐厅就会免费加送一份，而你们是6个人，如果一起去吃的话，可以得到一份免费的午餐，可是你们每个人只想到自己从没有想到凝聚起来成为一个团队，这就说明一个问题，你们以自我为中心，没有团队合作精神，而缺少团队合作精神的公司又有什么发展前途呢?”

听闻此话，6名大学生顿时哑口无言!

案例3

美国加利福尼亚大学的学者做了这样一个实验：把6只猴子分别关在3间空房子里，每间2只，房子里分别放着一定数量的食物，但放的位置高度不一样。第一间房子的食物就放在地上，第二间房子的食物分别从易到难悬挂在不同高度的适当位置上，第三间房子的食物悬挂在房顶。

数日后，他们发现第一间房子的猴子一死一伤，伤的缺了耳朵断了腿，奄奄一息；第三间房子的猴子也死了，只有第二间房子的猴子活得好好的。

究其原因，第一间房子的猴子一进房间就看到了地上的食物，于是，为了争夺唾手可得的食物而大动干戈，结果伤的伤，死的死。

第三间房子的猴子虽做了努力，但食物太高，难度过大，够不着，被活活饿死了。只有第二间房子的两只猴子先是凭着自己的本能蹦跳取食。最后，随着悬挂食物的高度增加，难度增大，两只猴子只有协作才能取得食物。于是，一只猴子托起另一只猴子跳起取食。这样，每天都能取得够吃的食物，很好地活了下来。

【点读】

合作则双赢，纷争则双输，以上案例很清楚地告诉了我们这个简单的道理。目标太低，太容易获得，则不珍惜；目标太高，实现不了，则容易自暴自弃；目标适中，通过团队努力，则较容易实现。在现代社会，很多事情单打独斗是做不好的，只有通过团队合作，激发个体的力量，发挥团队的合力，才能实现整体功能最大化。作为中职生的我们要学会与人合作，通过合作提升自己的综合能力。

【阅读3】

习近平在2020年中国国际服务贸易交易会全球服务贸易峰会上的致辞[①]

尊敬的各国领导人，尊敬的各位国际组织负责人，尊敬的各代表团团长，各位

① 资料来源：习近平在2020年中国国际服务贸易交易会全球服务贸易峰会上的致辞(全文)-新华网(http://www.xinhuanet.com/politics/leaders/2020-09/04/c_1126454718.htm)。

来宾，女士们，先生们，朋友们：

大家好！值此2020年中国国际服务贸易交易会举办之际，我谨代表中国政府和中国人民，并以我个人的名义，对参与本次大会的线上线下所有嘉宾，表示热烈的欢迎！对世界各地的新老朋友们，表示诚挚的问候和美好的祝愿！

在过去的几个月里，中国人民同各国人民一道，相互支持、相互帮助，共同为抗击新冠肺炎疫情、应对疫情带来的全球性挑战作出了艰苦努力。当前，全球范围疫情尚未得到全面控制，各国都面临着抗疫情、稳经济、保民生的艰巨任务。在这一背景下，中国克服重重困难，举办这样一场重大国际经贸活动，就是要同大家携手努力、共克时艰，共同促进全球服务贸易发展繁荣，推动世界经济尽快复苏。

中国国际服务贸易交易会，是专门为服务贸易搭建的国家级、国际性、综合型大规模展会和交易平台，自2012年起，已举办6届。本届中国国际服务贸易交易会以“全球服务，互惠共享”为主题。希望以此为契机，搭建起平台和桥梁，让各国人民充分展示服务贸易领域新发展新突破，共同享受人类社会发展进步新技术新成果。我们期待与会嘉宾深入交流、加强合作，为深化服务贸易和投资合作、增强经济社会发展活力贡献智慧和力量。

女士们、先生们、朋友们！

当今世界正在经历百年未有之大变局。新冠肺炎疫情全球大流行使这个大变局加速变化，经济全球化遭遇逆流，保护主义、单边主义上升，世界经济低迷，国际贸易和投资大幅萎缩，给人类生产生活带来前所未有的挑战和考验。

同时，我们也要看到，近年来，新一轮科技革命和产业变革孕育兴起，带动了数字技术强势崛起，促进了产业深度融合，引领了服务经济蓬勃发展。这次疫情全球大流行期间，远程医疗、在线教育、共享平台、协同办公、跨境电商等服务广泛应用，对促进各国经济稳定、推动国际抗疫合作发挥了重要作用。放眼未来，服务业开放合作正日益成为推动发展的重要力量。

借此机会，我愿提出3点倡议。

第一，共同营造开放包容的合作环境。纵观人类社会发展史，世界经济开放则兴，封闭则衰。服务业因其独特的轻资产、软要素等特点，更加需要开放、透明、包容、非歧视的行业发展生态，更加需要各国努力减少制约要素流动的“边境上”和“边境后”壁垒，推动跨境互联互通。中国将坚定不移扩大对外开放，建立健全跨境服务贸易负面清单管理制度，推进服务贸易创新发展试点开放平台建设，继续放宽服务业市场准入，主动扩大优质服务进口。中国将积极顺应服务贸易发展实际需要，推动多边、区域等层面服务规则协调，不断完善全球经济治理，促进世界经济包容性增长。

第二，共同激活创新引领的合作动能。我们要顺应数字化、网络化、智能化发展趋势，共同致力于消除“数字鸿沟”，助推服务贸易数字化进程。中国将拓展特色服务出口基地，发展服务贸易新业态新模式。中国愿同各国一道，加强宏观政策协调，加快数字领域国际合作，加大知识产权保护，积极促进数字经济、共享经济等蓬勃发展，推动世界经济不断焕发生机活力。

第三，共同开创互利共赢的合作局面。经济全球化背景下，各国经济彼此依存，利益交融前所未有，以诚相待、普惠共享是根本之计。各国要加强服务贸易发展对接，创新合作方式，深化合作领域，积极寻求发展利益最大公约数，不断做大“蛋糕”。中国将充分利用中国国际服务贸易交易会、中国国际进口博览会等各类平台，推动开展政策和经验交流，建立和培育政府间、国际组织、商协会及企业间多样化伙伴关系，支持组建全球服务贸易联盟，不断形成更多务实合作成果，使各国人民共同享有服务贸易增长成果。

女士们、先生们、朋友们！

为更好发挥北京在中国服务业开放中的引领作用，我们将支持北京打造国家服务业扩大开放综合示范区，加大先行先试力度，探索更多可复制可推广经验；设立以科技创新、服务业开放、数字经济为主要特征的自由贸易试验区，构建京津冀协同发展的高水平开放平台，带动形成更高层次改革开放新格局。

女士们、先生们、朋友们！

突如其来的新冠肺炎疫情，在一段时间内阻隔了我们的相聚，但阻挡不了服务贸易发展的脚步，阻断不了我们携手共进、合作共赢的信心和行动！让我们齐心协力、携手前行，以坚定的步伐走出人类历史上这段艰难时期，共同迎接世界更加美好的未来！

最后，预祝会议取得圆满成功！

谢谢大家。

【点读】

当前，全球范围疫情尚未得到全面控制，各国都面临着抗疫情、稳经济、保民生的艰巨任务。在这一背景下，中国克服重重困难，举办这样一场重大国际经贸活动，就是要同大家携手努力、共克时艰，共同促进全球服务贸易发展繁荣，推动世界经济尽快复苏。合作则共赢，封闭则全输。希望以此为契机，搭建起平台和桥梁，让各国人民充分展示服务贸易领域新发展新突破，共同享受人类社会发展进步新技术新成果。

青年学生要有全球视野，心怀天下，关心国家，树立全球意识、合作意识，学好本领，为未来参与到全球化事业中做好准备。

【阅读4】

“人技共进”诠释现代工匠精神①

近来，工匠精神盛于西方而鲜于中国的观点，广泛见诸媒体。一组数据常被引用：全球寿命超过两百年以上的公司中，德国837家，荷兰有22家，中国仅16家。很多人在讨论：在迈向中国制造2025的征途中，工匠精神如何助力中国成为制造强国。笔者以为，这首先需要厘清工匠精神的现代内涵。

工匠精神并非手工至尊，更要人技共进。言及工匠，我们首先会想到庖丁解牛、佝偻承蜩等典故，但这只是传统的“手工匠”精神，现代化工匠精神需要手工技艺与现代科技的有机融合。小至瑞士手表，大至波音飞机，都是传统手工和现代机械技术相得益彰的结晶。在波音生产线上，大量工作主要由人工完成，因为机械流水线保证不了零件高精装配。然而，这只是手工技术和现代科技的初级整合。实现手工和现代科技有机融合，需要更高层次的科技突破。例如，苹果公司iMac支撑架、iPod后盖的高精需求，全世界仅有日本小林研业的纯手工打磨能满足，但产量有限。苹果公司视频全记录手工打磨全过程，精密分析手工操作精髓，将结果用于改进机械加工技术，成功实现了机械化量产，既创新了现代制造，更诠释了现代工匠精神。

在纪录片《大国工匠》里，高铁列车部件打磨工宁允展，能将手工打磨精度控制在0.05毫米以内。他有灵性、有悟性，是带着思想打磨的现代工匠，而不是简单的“唯手熟耳”。我们要赞赏这种工匠精神，我们也期待这种精神能与技术结合，像苹果公司那样革新工匠精神的现代内涵。

真正的工匠精神渴求富创意、有创见、敢创新的匠人，只有在“创”中才能成就这样的匠人。“创”者，从仓从刀，敢于对既有知识仓库内的成果大刀阔斧改造，这是现代工匠精神应有之意。

最近，在美国著名众筹网站Indiegogo上，有一个中国项目Czur扫描仪首发即筹得近百万美元。Czur重新定义了扫描仪，可自动“抚平”卷曲纸张、清除手印、切

① 作者刘艳琼系国防科学技术大学国防科技与社会发展研究中心副教授，本文出自http://theory.people.com.cn/n1/2016/0519/c49154-28362425.html。

除白边，可扫描3D物体、变身视频展示台，还能自动连接高速Wi-Fi传输。这种扫描仪跟手工技术完全不搭界，但无疑是现代工匠精神的完美诠释。通过对扫描仪技术性能的极致开发，完成智能扫描仪的华丽转身，这是只有会思想的芦苇才能完成的任务。如果他们只管鞠躬尽瘁、任劳任怨地在既有技术路线上精益求精，没有批判、创新，那远算不上真正意义上的工匠精神。

“匠”在字形上可以理解为：在有限空间内斤斤计较。工匠精神需要斤斤计较，不仅计较品质、手工技艺的炉火纯青，更要计较手工与科技的相互增益，计较富创意、有创见、敢创新思想的诞生。而倘若我们仍是宣传打磨工甘心住小破房、骑电动车，则极易误导人们，认为鼓励工匠精神是鼓励人人安心做忙碌的陀螺，这也显然不利于工匠精神文化的发扬光大。

【点读】

工匠精神在新时代背景下，就包含了分工协作、联合攻关的团队合作精神。工匠的分工合作不仅是大工业生产方式的要求，也是工匠培养走向社会化、制度化所必需的。只有在分工协作、联合攻关的团队合作中，工匠们才能取长补短、相互借鉴、不断超越，取得更为卓越的成绩。

工匠精神的核心之一就是创新，创新是一种工作精神、工作态度，同时也是一种工作方法、工作习惯和思维方式。那么，培养创新精神应做到以下三点：一是要学习必要的知识和技能；二是对工作有激情、有责任；三是方法比态度重要，做事讲究方法和效率。

【思考】

1. 在日常学习生活中，你如何与人分工合作，共进共赢？

2. 作为未来工匠的职校生，你准备如何培养自己的创新精神？

【践行】

团结协作主题班会设计

一、活动目的

认识团结互助的重要性，学会与人交往。

二、活动对象

2018级幼师5班学生

三、活动时间

2020年9月6日

四、活动准备

1.学生做好准备。

2.教师准备课件。

五、活动过程

（一）游戏引入

PPT展示游戏规则，主持人解读。

游戏参与者谈体会。

（二）体验团结

1.分享故事——五个手指

2.小组游戏——生日排序

说说你身边关于团结互助的事，可以是发生在自己身上的事，也可以是自己身边发生的事。

（三）反省团结

列举与团结相悖的言行，让学生反省：这里有没有自己？

（四）如何搞好团结，并发出倡议

1.首先要消除轻视，学会尊重、互助、合作，共同进步，打好团结的基础。

2.尊重别人，承认差异，看到别人的长处，认识到自己的缺点，客观评价自己。

3.相信“我们能行”，并努力争取达到“我们能行”。

（五）建议

如何增强团队凝聚力

（六）集体朗诵诗歌《使命，让我们团结在一起》

（七）班会结束

【拓展】

电影推荐，观看电影《拯救地球》，以“合作”为主题写一篇读后感，在班级交流评比。

专题五　立德树人，舍我其谁

【解读】

立德树人不仅仅是教师的职责，我们认为它同样是大国工匠应该承担的职责。现代工匠拥有高尚的职业道德和职业操守非常重要，而把这种精神和价值传承下去更为重要。党的十九大报告指出，要建设知识型、技能型、创新型劳动者大军，弘扬劳模精神和工匠精神，营造劳动光荣的社会风尚和精益求精的敬业风气。工匠精神是我国开启全面建设社会主义现代化国家新征程、推进高质量发展的现实需要，新时代的工匠精神需要德技双馨、需要一代代传承并赋予新的时代特征。作为现代工匠不仅要乐于奉献、爱岗敬业，还要有舍我其谁的报效国家的使命担当精神。作为中职生，我们从小就要培养良好品质，学习做人相得益彰，努力成为德技双馨的新时代工匠。

【阅读1】

每个学生身上都有闪光点

邓风华

尊敬的领导、各位同仁：

大家下午好！教师节快乐。今天，我演讲的题目是《每个学生身上都有闪光点》。

2015年，我大学毕业，回到家乡，有幸成为重庆市开州区职教中心大家庭中的一员，获得了我梦寐以求的职业，成了一名光荣的人民教师。

我一直觉得，没有班主任经历的教师生涯是不完整的，一直梦想着与学生更亲近的交流，与他们一起快乐地成长。

直到今年（2016年，编者注）9月，我成了2016级航空班的班主任。

一年的从教生涯，我没有很多的经验，也没有很多的教育成功故事来分享。我也不会用华丽的辞藻来修饰，更没有精细的言语来表达。我今天站在各位经验丰富的前辈面前，犹如敲叩门环的入门者。

今天，借此机会，我与大家分享一下初为班主任的感受与收获。

从26日迎接新生到今天下午学生归家，短短的15天时间，犹如很长很长的岁月。这段时间发生了我从未碰到过的事情，幸得前辈们的帮助，才能完美解决。身在此位才发现，之前是我把一切想象得太美好，太简单。

我们班有位同学自尊心特强，在军训第一天还迫于教官的威严，勉强在认真训练，结果后面几天状况不断，随时都被教官批评，甚至不让他再入队训练。我与他交谈一番后，他主动向教官申请入队并认真训练。我原本以为事情就这么愉快地结束了，出乎意料的是，等我再次来到队伍前，发现他又不在队列，他非常无奈地告诉我说教官要他在一边休息。

我心想，总得让他有事可做，使他有存在的价值吧。最终，我决定让他帮忙照顾伤病员，为班级搬水，打扫卫生什么的。但情况并不尽如人意。

之后，一次偶然的机会，我向教官提议，试着让他加入阅兵式彩旗小队进行训练。我原以为，这个让人头疼的孩子又会令我失望。

然而，加入彩旗小队后，他坚持认真训练，在阅兵式上出色地完成了任务。临近结尾时，他晕倒在我面前，我赶紧上前，一边将他扶起，一边责怪他不舒服怎么不告诉我。坐下后，他用孱弱的声音说：“老师，阅兵式还没结束嘛。”

那一刻，我感觉鼻子酸酸的。我忽然明白，每一个孩子都有或多或少的缺点。他只是好动，静不下心来，有些调皮，但只要放对了位置，即便有缺点，仍然可以闪光。

在最后的集会中，我当着全班同学表扬了他，我从他的眼光中看到了喜悦与羞涩。我相信，在今后他一定会有所改变。

这件事给我感触颇深，在以后的班主任工作中，我要注重以人为本，面向全体，细心观察，捕捉他们身上的每一个闪光点，及时把赞美送给每一个学生，使之发扬光大。使每个学生都感到“我能行” “我会成功”。请多给学生一点赞美吧，因为他明天的成功就蕴藏在你的赞美之中。

【点读】

“每一个孩子都有或多或少的缺点。他只是好动，静不下心来，有些调皮，但只要放对了位置，即便有缺点，仍然可以闪光。”年轻的邓老师悟出如此道理，实属不易。她虽然入职时间不长，但是已初步具备成为一名优秀教师的潜质，敬业、认真、奉献、担当，这也是现代工匠的精神品质。从本质上说，教师、工匠都只是一种职业，它们的内核是一样的。有了邓老师这样的好老师，我相信她的学生一定也不差。

作为青年学生，我们要学习邓老师的工匠精神，以舍我其谁的精神做好自己，争取早日成为大国工匠。

【阅读2】

银行行长是怎么炼成的

——记我校优秀毕业生廖云川①

职中的三年学习改变了我的人生。1993年6月，我从华承职中毕业之后即到和我所学的财会专业相近的两个岗位进行了实习，得到了一定的锻炼。而1993年12月的一次建行招聘代办员的机会彻底改变了我的人生轨迹，那一年建行的招聘主要考珠算技能，而我恰巧通过读书期间的努力并在老师的培养下，取得了珠算能手6级的证书，并且在读书期间曾两次代表开县去参加了当时万县片区三区八县的珠算比赛；也许是上天对我读书刻苦练习算盘的奖励吧，居然考的是我的强项，所以我以第一名的成绩顺利地考入了建行，成了一名金融工作者。1994年6月，我又参加了银行业最后一届社会招聘考试，凭借读书时积累的知识，我如愿地考入了工商银行，成了一名正式的银行干部。以上这些，我觉得都得益于我读职中所学的知识和技能，得益于职中老师对我的教育和培养。

入职工商银行之后，我积极工作虚心学习，很快得到了职务晋升的机会，三年之后，我通过竞聘上岗成了一名年轻的银行网点负责人，那一年我24岁。作为一名基层的银行管理者，我更加尽力尽责勤奋工作，在网点主任的岗位上取得了较好的业绩。这之后的十年时间，我先后在多个岗位进行了学习和锻炼，并取得了电大的专科和本科文凭，业务能力和管理水平有了较大的提高，多次被单位和上级行评选为先进个人和优秀工作者。由于我工作努力积极追求进步，2008年7月，我光荣地加入了中国共产党，成了一名中共党员，2010年7月，我被工行万州分行党委评为优秀共产党员。2011年11月，我成功竞聘为工行巫山支行副行长，那一年我38岁，是当时最年轻的副行长之一。在巫山工作期间，我带领全行员工负重前行，所分管的工作一年一个新面貌，使巫山工行的市场份额和社会影响力逐步攀升，重新在当地赢得了工行应有的金融地位。由于我在巫山7年多的出色工作及照顾父母的需要，今年（2019年，编者注）的3月，我调回开州工行工作。

以上是毕业之后的一些工作经历，并不波澜壮阔，平凡而又平凡。我非华承职

① 廖云川，中国工商银行股份有限公司重庆开州支行副行长。本文根据他的自述记录而成。

中的佼佼者，但从华承职中毕业的我们也能成就一番属于职高生的事业，成为一名对社会对国家有贡献的人。所以我一直深感幸运我选择了职业中学，学到了一技之长并得以所用，是华承职中培养了我，感恩职中，感恩老师。

【点读】

成功者的背后总是充满了不为人知的艰辛和努力，一次次的机会总是留给了有准备的人。廖云川就是这样的人。他非常注重个人道德品质的培养和提升，都能很好地把握每一次机会，这取决于他平时的积累和努力。作为我们的校友和大师兄，我们要学习他的拼搏精神、创新精神和使命担当精神。

【阅读3】

席家友：用有限的时间，创造无限的价值

——记我校89级优秀毕业生席家友

他曾经是一名普通电器维修工，怀揣着梦想和激情，历经二十载励精图治，成长为睿智干练、叱咤商场的能人，他的家电产业已成为重庆市开州区同行业的标杆。

他就是重庆市佳友电器有限公司董事长席家友，原开县正坝职中89级电子专业毕业生。

席家友的人生际遇，充满了辛酸和荆棘，他自己总结成功的经验则是四个字——诚信自强。

自强自立闯社会

1971年8月，席家友出生在开州桃溪乡一个偏僻的小山村，1989年从正坝职中毕业后奔赴社会。未来的道路何去何从？爱思考的席家友仔细分析了一下，觉得随着人们生活水平的提高，家用电器肯定会成为生活的必需品，且会迅速普及，学修家电会很挣钱。

1990年，席家友怀揣母亲仅有的300元钱流泪离开老家，来到县城学习家电、钟表和打火机维修。志在改变命运的席家友学习异常勤奋，仅两年时间，就学会了其他师兄弟要五年才能学会的本领。

1992年8月1日，原开县老城教门街，在一个8平方米的门面房前，席家友郑重地将“佳友电器维修部”的匾额挂上墙。他把这片小店当作犹如身处茫茫大海的救

命稻草，无比珍惜。

开业第一天，挣了5元钱，除去吃饭3.5元外，还剩1.5元钱，好高兴啦！“这是我人生第一次挣钱！”当晚，席家友睡在折叠的单人床上兴奋得不能入睡，他索性起来写日记，记下未来的梦想：“我要努力钻研家电维修技术，赢得更多的顾客和口碑；我要借用维修电器客源的基础，将维修服务升级为维修和产品双重服务，经营全系列大小家电产品；如果把开县做强后，还要扩展到万州、重庆甚至全国……”

有梦想就有行动。席家友主动宣传上门服务，不换件不收钱，小毛病不收费，孤寡老人免费维修等。开业一年多时间，佳友电器维修部口碑、信誉慢慢就起来了，他又采购了些磁带、随身听、稳压器等小东西在门市上销售，一年下来，他竟然赚了18 000元钱。

诚信经商，赢得市场

1995年9月，席家友在妻子的鼓励下，另开设了小家电、家电配件门市，与维修部分开。生意不断发展壮大，更赢得了人气和市场，开县大多数乡镇的维修工就到他门市上拿小家电、零配件。他还代理了众多品牌的影碟机、音响和功放批发到农村和乡镇。

永立船头迎风浪，不成功者会成仁。1999年，夫妻俩创办了重庆市佳友电器有限责任公司，注册资金500万元，集家电批发部、电器专卖店、维修配件部和家电维修部多个子门市。

在乡镇批发业务上，每个网点无不信服他。在2002年影碟机大量上市且价格急速下降的时段里，他代理了一种叫“恒晨”品牌的影碟机，在他大力推广到网点且超3000台销售时，由于厂家股东解体，造成保内保外影碟机100多台坏机不能为客户解决返厂问题。这时，他面对客户没说二话，按照原价毫无怨言地回收了乡镇网点所有坏机，直接损失6万多元。按理说，他可不回收只保修，但为了信誉，他却选择了让网点不吃一点儿亏，自己扛。在解决商场零售顾客服务上，更是慷慨大方，只要顾客满意，自己吃亏无所谓。

创业多年，他用诚信不但赢得了市场，还赢得了口碑，更赢得了未来。

扶贫济困，奉献责任

席家友常说，企业的发展离不开社会的支持，企业回馈社会是应尽之责。

2011年，开县南门镇阳寨村一组组长与席家友偶然相遇，交谈中席家友了解到，该村因公路不通，严重影响了村子的发展和进步，村子里的柑橘等特产因交通不便，大量滞销，村民只能眼看着水果变质。在组长的言语中，席家友看到了迫切的渴望，他决定捐资修路。说干就干，席家友立即捐款20万元，加上政府补贴，村里集资，短短半年时间里，一条通往阳寨村一组的康庄大道像沉睡的巨龙一样，匍匐在南门镇蜿蜒的山峰之间。竣工仪式上，席家友看到村民们高兴的笑容，自己也露出了满意的微笑。

在"12·23"井喷、"9·4"洪灾，以及四川汶川"5·12"特大地震等灾害面前，席家友先后捐资20多万元。为白泉乡、关坪乡、南门镇阳寨村、老家九云村等10多所学校和群众捐赠卫星天线锅盖、彩电、影碟机，还捐资修路，以及为孤寡老人、贫困大学生、留守儿童等等积极捐资。佳友电器有限责任公司还设立了专门的爱心基金会，以便能及时地帮助有需要的人。

2011年4月，席家友被开县慈善会选为开县慈善会副会长。

成就梦想　铸就辉煌

"我们无法延续生命的长度，但我们可以无限拓展生命的宽度。"这是席家友经常挂在嘴边的一句话。二十年如一日的坚持结出的累累硕果，让他终于实现少时的梦想，在人生上取得了辉煌成就。公司先后取得了格力、海尔、康佳、格兰仕等诸多国际知名品牌产品的代理权。目前，公司直接拥有员工180人（下岗人员和农民工占90%以上），销售网点突破300个。与众多国内外知名家电厂商成为长期战略合作伙伴。

席家友一直坚持以全心全意为顾客为企业理念，带领他的事业和团队在商海之中砥砺前行！因此他曾多次获得各级部门的表彰和鼓励，被评为"开县十大杰出青年企业家"，被共青团重庆市委评为"五四青年创业奖"称号，被开县县委县政府授予"开县创业争光贡献奖"　"开县全民创新贡献奖"　"优秀民营企业家"，被重庆市八部门联合授予"重庆市优秀青年企业家"称号等多项荣誉！

【点读】

自强自立闯社会，诚信经商赢市场，扶贫济困献爱心，成就梦想铸辉煌。席家友用他的勤奋、创新、责任、担当开启了人生的下半场，自己成功，还带动下岗职工困难群众再就业、创业，带动了地方经济社会发展，从他身上我们看到了一位有社会责任感的企业家，以严谨踏实的作风走好人生路。希望同学们以他为榜样，严格管理好自己，学好本领，练好内功，修炼心灵，提升境界，成为人生的成功者。

【阅读4】

我拼过，我无悔

——刘芳（原重庆三峡学院大学生）

我是刘芳，2013年毕业于重庆市开州区职业教育中心会计专业。中职三年，在老师的教育和帮助下，我在德智体美劳等各方面得到了发展。我时刻严格要求自己，激励自己，不断地进步，并在许多方面都取得显著的成绩。我发自内心地尊重与敬爱老师，是他们给予了我知识，帮助我成长，没有老师的辛勤付出，就没有我的健康成长和进步。我真诚地对待每一位同学，对学习和生活上遇到困难的同学，我总是能及时地伸出援助之手，尽自己所能地帮助他们。我以一颗真诚的赤子之心，换来了同学们的信任和支持。我积极参加学校组织的各种活动，并在二年级上学期被同学们推选为经济管理部学生会主席。

进入三峡学院后，我一直担任班委，对于学校布置的各项任务，我总是积极认真地去完成，力求快而好。在辅导员老师的指导下，我的班委工作不仅活跃和丰富了班级的文化生活，而且提高了班级的凝聚力。组织同学参加学院活动，锻炼能力，奉献社会。大学期间，我还先后参加了学院勤工助学部、大学生青年志愿者协会和大学生就业协会，丰富自己的课余生活，也让自己得到了锻炼。

我不仅学习成绩优秀，各方面素质都很突出，还很开朗自信，乐于助人，工作出色，综合素质高。我先后获得了3次二等奖学金和1次一等奖学金以及“优秀学生干部”“三好学生”等称号。早在中职的时候，我就积极向党组织靠拢，进入大学后我再此向党组织递交入党申请，定期向党组织递交有质量的思想汇报，并被评为入党积极分子。

人的一生，没有最高层次的目标，只有更高层次的追求，人只有不断向着更高层次的目标不懈追求，才会不断发展、进步。青春只有一次，但求面对碧海苍天扪心自问时我能骄傲地说：我拼过，我无悔！在今后的人生道路上我一定加倍努力，以自己的实际行动一步一步实现自己的人生理想与社会价值!

【点读】

“青春只有一次，但求面对碧海苍天扪心自问时我能骄傲地说：我拼过，我无悔！”刘芳说得真好！记得苏联作家保尔·柯察金说过，人最宝贵的是生命，生命对每个人来说只有一次。人的一生应当这样度过：当他回忆往事的时候，他不会因为虚度年华而悔恨，也不会因为碌碌无为而羞愧，当他临死的时候，他能够说：“我的整个生命和全部精力，都献给了世界上最壮丽的事业——为解放全人类而斗争。”人应当赶紧充分地生活，因为意外的疾病和悲惨的事故随时都可能结束他的生命。刘芳很好地做到了此点，她把最宝贵的时间充分地利用起来，帮助了别人，完善了自己，取得了一定的成绩。我们要以她为榜样，立长志，严格要求自我，争取早日成才。

【思考】

1. “人最宝贵的是生命，生命对每个人来说只有一次。人的一生应当这样度过：当他回忆往事的时候，他不会因为虚度年华而悔恨；也不会因为碌碌无为而羞愧，当他临死的时候，他能够说：我的整个生命和全部精力，都献给了世界上最壮丽的事业——为解放全人类而斗争。人应当赶紧的充分的生活，因为意外的疾病和悲惨的事故随时都可能结束他的生命。”说说你是如何理解这段话的。你准备如何度过中职三年?

2.席家友从一个修理电器的维修工到被共青团重庆市委评为“五四青年创业奖”称号，被开县县委县政府授予“开县创业争光贡献奖”“开县全民创新贡献奖”“优秀民营企业家”和重庆市八部门联合授予的“重庆市优秀青年企业家”，数十年来一直坚持以全心全意为顾客为企业理念，带领他的事业和团队在商海之中砥砺前行！通过他的案例谈一谈我们应如何培养工匠精神。

【践行】

以“我身边的劳动模范”为题，在班级举行一次演讲比赛，每个同学设计演讲稿，班级评选最佳演说家、最佳演讲稿。同学自制奖品颁发给优胜者。

【拓展】

观看有关劳模及创业的电影《袁隆平》(2009)、《黄大年》(2018)、《天渠》(2018)、《中国合伙人2》(2018)、《桂香街》(2019)。

1. “杂交水稻之父”、中国工程院院士袁隆平创造的经济财富和社会价值不可估量，他曾说：“我一生最大的愿望就是让人类摆脱饥荒，让天下人都吃饱饭。”电影《袁隆平》由此出发，再现袁隆平进行杂交水稻“三系配套”研究并取得成功的风雨历程，展示了以他为代表的中国科学家心忧天下、造福人类的宏大抱负以及自强不息、勇攀高峰的创新精神。

2.《黄大年》以“心有大我，至诚报国”的海归战略科学家黄大年的感人事迹为故事蓝本拍摄而成。影片从拍摄到公映历时近一年，主创团队采访了将近140位当事人，了解黄大年生前的各种事迹、生活的细节、性格的细节，以保证文学剧本和影片创作的真实、感人、细腻。国家话剧院一级演员张秋歌以零片酬出演《黄大年》，“从广西到吉林，我们的创作过程虽然很辛苦，但充满了信心。作为一名文艺工作者，能够出演这部戏，能够演一位时代的楷模，对我的艺术生命相当重要。我从黄大年身上学会了‘做人’和‘做事’。”

3.《天渠》以贵州遵义播州区平正仡佬族乡草王坝村党支部书记黄大发的先进事迹改编而成。为了改变家乡的贫困落后面貌，解决人畜和庄稼的饮水问题，黄大发带领乡亲们坚持不断用双手一锨一锨、一锤一锤、一锹一锹、一镐一镐挖了30年，中间几次失败，几次复修终于修成了水渠，这条水渠是在崇山峻岭当中在悬崖绝壁上凿出来的，远看去宛若悬挂在半山腰一样，因此被称为“天渠”。从此以后这个村庄粮食增产了，老百姓可以吃饱饭了，年轻小伙子可以娶到媳妇了。2017年年近八旬的黄大发因此得到了2017年时代楷模、全国道德模范、感动中国年度人物这一系列的荣誉。

4.《中国合伙人2》2013年由陈可辛执导，黄晓明、邓超、佟大为主演的《中国合伙人》获得5.3亿元票房，口碑票房双丰收。作为该片的续集，《中国合伙人2》由刘亚当执导，赵立新、凌潇肃、王嘉、董琦等主演。故事讲述了程序员楚振辉、秦磊和投资经理人徐顺之的创业经历，以徐顺之的视角展现了一个程序员向创业者的蜕变。影片的故事背景是从20世纪90年代末到当下的近二十年期间，互联网行业在中国从发轫、发展到行业泡沫再到高速爆发行业成熟的过程，最终表现了中国互联网人的中国精神和民族情怀，可以说是一代中国互联网人的集体回忆。

5.电影《桂香街》讲的是常州市原东头村社区党委书记许巧珍的事迹，真实再现了她社区工作的日常，日复一日，年复一年，为社区每一位居民化解矛盾，舒解情绪、难题，点点滴滴地工作，就像桂花香渗透到社区的每一个角落，渗透进每一个居民心里。许巧珍从事社区工作20余年，先后荣获全国孝亲敬老之星，江苏省“优秀党务工作者”等荣誉，也是20世纪50年代全国第一代劳模，曾两次进京参加群英会，受到毛主席和周总理的接见。2015年许巧珍因病去世，被中宣部追授为“最美基层干部”。

参 考 文 献

[1] 贾天山，顾建军.劳动教育论[M]. 北京：教育科学出版社，2021.

[2] 檀传宝.劳动教育论要：现实畸变与起点回归[M]. 北京：北京师范大学出版社，2020.

[3] 刘建军，王炳林.工匠精神[M]. 北京：中共党史出版社，2020.

[4] 熊元武，李刚，童驹. 工匠精神教育读本[M]. 天津：天津大学出版社，2017.

[5] 李云飞. 德国工匠精神的历史溯源与形成机制[J].中国职业技术教育，2017（27）：33-39.

[6] 姜大元. 为什么强调职教是一种类型教育[N].光明日报，2019-03-12（13）.

[7] 国务院办公厅. 关于深化产教融合的若干意见[EB/OL].（2017-12-19）[2017-12-19]. http://www.moe.gov.cn/jyb_xxgk/moe_1777/moe_1778/201712/t20171219_321953.html